La Conciencia Transpersonal

La Conciencia Transpersonal

Diálogo entre la razón y la mística en la actualidad posmoderna

Carlos Tena Sánchez

Número de Control de la Biblioteca del Congreso de EE. UU.:   2011918683
ISBN: Tapa Blanda   978-1-4633-1128-5
                     Libro Electrónico   978-1-4633-1147-6

Este Libro fue impreso en los Estados Unidos de América.

Para pedidos de copias adicionales de este libro, por favor contacte con:
Palibrio
1663 Liberty Drive
Suite 200
Bloomington, IN 47403
Llamadas desde los EE.UU. 877.407.5847
Llamadas internacionales +1.812.671.9757
Fax: +1.812.355.1576
ventas@palibrio.com
364387

Índice

Este libro pudo ser editado gracias al apoyo irrestricto de mi amada esposa, Patricia García Ranz, a quien le agradezco su acompañamiento amoroso y optimista en todo tiempo.

Mis padres, Carlos Tena Martínez y María Teresa Sánchez Fernández han sido pilares fundamentales en mi vida. Gracias a ellos pude cultivar mi interés por la filosofía, la psicología y la espiritualidad.

Del mismo modo, mis tías Rosa Ileana y Nela Pereznieto, junto con mi abuelita Chata, Mamá Tana y mis abuelos Felipe y Mercedes, han contribuido de manera significativa con mi formación académica y humana.

No puedo dejar de mencionar a mis muy queridos maestros espirituales. Sus enseñanzas han tocado lo más profundo de mi existencia: Dr. Raúl Durana, S.J., José Luis Villanueva, Sheikh Nur Al Jerrahi y Sheikah Amina Al Jerrahi.

Las imágenes exteriores e interiores son resultado de la magnífica creatividad de Rocío Verduzco Viñas, artista sensible y trascendente de nuestra época.

"Tú eres Eso…"

"Amarás al Señor tu Dios por encima de todas las cosas"

"Dios está más cerca de ti que tu propia vena yugular"

"No hay mas dios que Dios"
La ilah ha ila Alah

Introducción

El ser humano, nos han dicho los filósofos y los psicólogos, tiene la capacidad de cuestionarse, de preguntar, gracias a su conciencia refleja o auto conciencia. Esta característica, que le permite conocer y transformar el mundo, le ayuda también encarar al *Misterio* de su propia existencia y del mundo que lo rodea. Y el poder preguntar -el preguntarse- lo constituye en el único ser «expectante» del planeta.

Sin poder comprender plenamente la realidad "en sí", intuye que de este *Misterio* recibe su propio ser, su propia inteligibilidad, por lo que espera recibir alguna comunicación de aquel misterio inefable del que se siente tan íntima y totalmente dependiente.

Cuando el *Misterio* hiere profundamente al hombre, y su *voz* es escuchada y correspondida por él, entonces, los contenidos que nombran las palabras esenciales: memoria y esperanza, comienzan a desplegar su eficacia dentro del corazón humano. En el acto memorial, la intención del hombre se vuelve hacia los orígenes; en el acto esperanzador, en cambio, su mirada se desposa con el horizonte del porvenir. Pero, origen y destino, rememoración y esperanza, son atraídos a un mismo centro: la Realidad Absoluta. Lo que permitió al hombre surgir a la presencia debe ser aquello que también le aguarda al final de su destino.

Cuando el alma se repliega sobre sí misma -decía San Agustín- llega a tocar sus propias raíces. Y esas raíces son la fuerza vital del Creador puesta en el ser humano al principio de los tiempos. Fuerza vital que se erige como un *exceso* de la vida humana, como un *don* dispensado desde un centro que está más allá de la existencia y que la atraviesa recordándole su *mejor ser*. La existencia es, pues, un exceso porque brota de un principio no humano. Principio que es *llama de amor viva* que al alma inflama y transforma. Principio que la toca suavemente llamándola y, ya amándola, le hace saborear la vida infinita. Llama viva que hiere con ternura el más profundo centro y despierta en el ser humano el deseo de alcanzarla.

El ser humano busca su esencia y su verdad pues se siente *extranjero sobre la tierra*. La razón de su búsqueda es la emergencia de justificar su existir y el otorgamiento de un sentido definitivo a su propia realización. El hombre no se experimentaría lanzado a la indagación de su *razón* de ser, de no mediar una esencial complicidad ontológica entre el ser del hombre y el ser del Absoluto: *Ser hombre implica sentirse incitado a buscar la última razón de ser de su existencia*. Ahogar esta pregunta, trivializarla, eludirla, narcotizarla o desplazarla hacia zonas de mayor seguridad o de mayor posibilidad de dominio planeado, significa distorsionar la esencia misma de la humanidad del hombre.

El problema reside en saber hasta dónde le es dado al ser humano encontrar su esencia y su verdad. Y ante esta disyuntiva, preguntamos ¿puede el ser humano reencontrarse de tal manera a sí mismo, en su esencia y verdad plenas? Para Teilhard de Chardin una forma viable consiste en integrarlo dentro de un proceso de evolución que involucra a la totalidad de la materia y de la vida. La evolución -dice- es un hecho incontrovertible y por eso propone que contemplemos al fenómeno «hombre» no sólo en sus fases exteriores, sino en su intimidad misma, desde sus entrañas o, como él mismo dice, desde sus «adentros».

Cuando la evolución del universo se ve desde sus «adentros», puede observarse que el fenómeno evolutivo no es tan sólo una mera sucesión de hechos, sino una corriente ascendente que adquiere cada vez un sentido más pleno. Así Teilhard de Chardin puede escribir: «En una perspectiva coherente del Mundo, la Vida supone inevitablemente, hasta perderse de vista, una Previda». Es decir, antes de que la vida apareciera en nuestro planeta, existía ya, en el corazón mismo de la materia, una *aspiración a la vida* y, aún, una *conciencia*, si bien, una conciencia «extremadamente adelgazada». Si el hombre surge de la evolución del universo, si la vida se inicia en la materia, ¿cómo no pensar que esta materia primitiva y primigenia no contiene ya, en alguna forma, lo que acabará por transformarse en conciencia?

La evolución entera del universo pasa, así, por tres etapas progresivas y ascendentes: la previda, la vida y el pensamiento o la conciencia. El hombre es la última instancia de un prolongado proceso de elaboración. De ahí su lugar privilegiado. «El hombre -dice Teilhard- no es centro estático del mundo

-como se ha creído durante largo tiempo-, *sino eje y flecha de la Evolución,* lo que es mucho más hermoso».

En el hombre, en su conciencia reflexiva, parece realizarse y estarse realizando a cada paso, el verdadero sentido del universo. ¿Qué es lo que permite a Teilhard de Chardin considerar la génesis del mundo como capaz de sentido? ¿Qué es, por otra parte, lo que le autoriza a pensar que el hombre es real y verdaderamente el eje y la flecha, es decir, el verdadero centro dinámico del mundo? La actitud de Teilhard de Chardin se basa en dos principios complementarios: el de la *ontogénesis* y el de la *complejidad.*

Teilhard de Chardin afirma que, así como el universo tiende a desgastarse progresivamente hasta destruirse, igualmente es observable la aparición en el tiempo y, en espacios orientados, de una distribución estadísticamente ordenada; es decir, de una corriente ascendente que adquiere, gradualmente, un sentido más pleno; tal es la ley de la *ontogénesis* que, a su vez, implica la ley de la complejidad.

Mediante la ley de la *Complejidad,* se puede observar que la especie humana es la que ha logrado desarrollar una forma cerebral más compleja y que, por otra parte, a este desarrollo cerebral corresponde, igualmente, un crecimiento psíquico. Así, por su complejidad misma, el hombre es el producto máximo de un desarrollo ontogénico, es decir, progresivo y ascendente y, por este mismo hecho, es el hombre el eje y la flecha de la evolución. Capaz de reflexionar, capaz de co-reflexionar al comunicarse con las cosas y los demás hombres y, como veremos, capaz de ultra-reflexionar; el ser humano es el último gesto, la forma más completa, más compleja y más viva de todo el proceso evolutivo. Por eso afirma Teilhard de Chardin: «El navío que nos lleva está todavía en marcha». El universo progresa y crece hasta llegar al hombre. El hombre también crece, progresa, se hace cada vez más complejo; es decir, evoluciona.

Sin embargo, ante estos nuevos conceptos de mayor evolución, mayor socialización y mayor conciencia de la especie humana, el ser humano puede tomar algunas actitudes: podría cesar de actuar, aislarse de la masa y tratar de vivir fuera de la evolución que en conjunto vamos siendo; podría tratar de evadirse mediante una mística de separación mal entendida. Ninguna de estas actitudes es convincente para el espíritu -dice Teilhard. Lo que podemos hacer, lo que en realidad debemos hacer es «lanzarnos resueltamente en la corriente de conjunto para incorporarnos a ella...». Esta incorporación nos permitirá participar en el futuro; un futuro que, dentro de una progresiva complejidad organizada, nos promete también una mayor conciencia.

La unidad aparece, entonces, como el destino de los hombres en su progresivo intento de alcanzar un sentido de la especie. Unidad que no implica una confusión de los individuos o una disolución final de cada ser particular en una homogeneidad anuladora, sino una síntesis que diferencia.

Crecerá la especie, crecerá la conciencia, crecerá la complejidad y «la marea ascendente de las Neo génesis equilibrará las tendencias descendientes de la Entropía». A la usura, al desgaste, se opondrá siempre el vigor del crecimiento. Pero este crecimiento hacia la unidad tendrá solamente sentido si es un crecimiento amoroso. El hombre de mañana podrá vivir a la vez individualizado y unido, consciente de sí y de la especie, reflexivo y co-reflexivo y, sobre todo, unificado a los demás en una «conspiración» animada de amor. Y así, en *El medio divino*, ya plenamente en el campo de la expresión religiosa, Teilhard exclama: «cuanto más grande sea el Hombre, más unida esté la Humanidad, más consciente y señora de sus fuerzas, tanto más encontrará Cristo un cuerpo digno de su resurrección para extensiones místicas».

Sin embargo, a pesar del maravilloso llamado que el hombre tiene hacia la plenitud, fluyen en su interior sombras de contradicción. Día a día, el ser humano se ve envuelto por una cultura que le ofrece toda una «industria de intrascendencia» mediante diversos sucedáneos: el divertimento, el intelectualismo, la posesión de toda suerte de objetos, personas e ideas, la irreligión, el nihilismo, la fatiga de lo absoluto y, en fin, una continua y permanente vivencia del *carpe diem* que lo instala en la finitud. Cultura de la intrascendencia que adormece la espiritualidad del hombre y lo acostumbra a entender, sentir y actuar en un horizonte superficial y restringido, pero que él va concibiendo como el horizonte último y omniabarcador. Cultura de la intrascendencia que lleva al hombre al olvido de sí mismo exigiéndole, con ello, instalarse en la «insoportable levedad del ser». Así, el hombre corre tras sombras y ensaya replegarse sobre sí mismo, las cosas y las personas para encontrar su *sustancia*. Pero lo que encuentra, al final, es la noche de la propia nada en la imagen vacía de las figuras.

La experiencia actual de la humanidad y una atenta lectura de los signos de este tiempo hablan, con suficiente claridad, acerca de las intenciones de este momento de la historia: una época que se quiere terminar. Tal vez por esta razón en las *Reflexiones sobre la felicidad*, Teilhard de Chardin expresa: «el mal está en los pesimistas, en aquellos que renuncian a seguir el *ascenso* que es toda vida, y que, encerrados en su goce personal, quieren anular toda *trascendencia*». Por eso, el tema del nuevo comienzo, de la disponibilidad frente a la llamada del ser y la necesidad de pensar la naturaleza de eso que llama, se impone cada vez con mayor urgencia. El hombre encontrará la felicidad cuando se decida, no sólo a vivir con los demás hombres, sino a vivir centrado en Aquél que es vida, pascua y plenitud.

La plenitud no la encontrará el hombre en los objetos que lo rodean ni en las personas que le salen al encuentro. Todo este universo pasa y se deshace. Es preciso atravesar esa frágil certeza y entregarse al abismo de la «insecuritas» de la *Noche* -como decía San Juan de la Cruz. Sólo ahí, el hombre, aceptando el reto, podrá encontrar la auténtica «securitas».

Así, el hombre distendido y excedido, debe aprender a recorrer el arduo camino que lo lleve al Absoluto. Le llega, entonces, el momento de la decisión: ¿se ancla a la lógica o acepta el *llamado* que surge desde sus entrañas? ¿Acepta lo que *ve* o da el *salto ciego hacia la Noche*? Disyuntiva que implica libertad y riesgo. El hombre -dice Víctor Frankl- se ha detenido antes de tiempo en su camino en busca de sentido porque no quiere abandonar «la tierra firme bajo sus pies». Viviendo a la sombra de aquel sentido raigal, el hombre se asemeja a esas flores que aparecen, ante nuestros ojos, como otras tantas hermanas silenciosas en el viento de las praderas. Frente a esta realidad, el ser humano debe aprender a conquistar su verdadera levedad y ascenso arriesgándose a «dar el salto ciego».

Cuando el hombre cambie de actitud interior y en lugar de hacer girar las cosas en torno a su conocer objetivo y a su voluntad de dominio, y se entregue a la *noche del espíritu*, entonces, se abrirá el secreto que ésta encierra en su arcano y acogerá al nuevo ser; así podrá expresar como Rilke: «estaba de pie y de pronto comprendí que tú dabas vuelta conmigo, jugabas, oh crecida noche, y te contemplé asombrado».

En esta noche sin fondo, el límite y el tiempo engañosos se disuelven; pero no por la *magia* de una palabra humana, sino por la fuerza de una *gracia* que viene del Creador. El secreto escondido en las cosas de este universo no se manifestará ante el ojo contemplativo en los fulgores de una imagen áurea soltada del corazón, sino en la participación de la Sabiduría que guarda en su secreto todos los secretos. Hay aquí algo más que la maravillosa extracción de todos los juegos de este mundo, más que la extraordinaria revelación de todas las gracias de esta tierra y de la sublime conjugación de todos los impulsos humanos a la felicidad en la contemplación de las formas inteligibles y deleitables. Hay aquí algo infinitamente mayor. Es el encuentro con un **Tú** en la gracia del *amor*; que permite dejar la propia condición de puro ser finito para entrar en la condición de ser infinitamente amado. Así, en el *Cántico*, San Juan de la Cruz expresa: «Entremos más adentro en la espesura; allí me mostrarías aquello que mi alma pretendía y luego me darías allí, tú, vida mía, aquello que me diste el otro día…».

Es el despojo integral del yo individual que se recobra, transformado, en el encuentro con el **Tú** personal. Sin embargo, la diferencia no muere, pues el yo humano retorna luego a vivir y a actuar en esta tierra, convertido en radiante luz reflejo de las intenciones del **Tú** que lo destina, así, el imperativo se deja escuchar: «Abandónate a ti mismo, despójate totalmente de ti mismo, hasta tu estrato humano más hondo; pero no para empaparte luego de las esencialidades de esta tierra, sino para encontrar a Aquél capaz de llenar la frágil vasija humana». En el encuentro con el **Tú** se da el reconocimiento de que cada ser humano es la encarnación de un espíritu inmortal, atemporal y divino; de que siendo parte de un mundo múltiple participa de la esencia del Espíritu Supremo: *conciencia sin fronteras*.

Las experiencias místicas permiten al ser humano entrar en contacto con un estado de conciencia unitaria. Las personas que acceden a este nivel de la conciencia unitaria viven llenos de paz y significado, conocen la alegría genuina y viven la fusión de todas sus polaridades, liberándose de sus apegos. Aquellas que no se han preguntado más allá de su propia conciencia -dice Frankl- se han detenido quedándose solamente con el deseo de alcanzar la felicidad suprema.

La creación entera marcha hacia el desenlace de su finitud, se encamina hacia la identificación y total unidad con el Creador. Cada uno de nosotros puede acercarse, al modo de su alma, al Principio que nos origina y destina; pero, para ello, es necesaria una radical y permanente «conversión» de nuestros hábitos mentales más arraigados por los que tendemos a dar la primacía epistemológica absoluta a la razón manipuladora de representaciones. La *noche del espíritu* que nos invita a vivir San Juan de la Cruz y, con él, todos los místicos, no es más que una apremiante exhortación a entregarse generosamente a esta «metanoia» hacia lo real más allá de sus representaciones; a superar el miedo que tiene el espíritu de perderse en la oscuridad. Esta *noche del espíritu* nos hará sentir más vivamente la presencia de la realidad misma, de la «cosa en sí». Sólo la vivencia de esta *noche*, en la comunicación directa de esta misma realidad, abrirá el paso para alcanzar la Esencia Absoluta.

En las cosas y en el alma humana habitan las señales del Principio creador, y será siempre en torno a la orientación de estos índices que se jugará el destino de la humanidad. Por lo tanto, el espíritu del hombre es el lugar de la *hermenéutica* y de ella dependerá el sentido del desenvolvimiento de la historia y de la figura del cosmos. Así podremos exclamar como Rimbaud: ¡Oh fecundidad del espíritu e inmensidad del universo!

En todas las épocas han existido fervorosos escuchas y atentos vigías de esos signos. Ellos, a pesar de los obstáculos que encontraron en su camino, abrieron cauces para comprender el significado de lo que es ser hombre. Dieron voz en el tiempo, a las aspiraciones metafísico-religiosas de la humanidad, cumpliendo de un modo ejemplar lo que es tarea de todo hombre: estar abierto, a través de las cosas y de sí mismo, a los designios del fondo esencial.

En nuestro siglo, otros grandes pensadores han contribuido a ensanchar el cauce abierto por los filósofos y científicos de antaño. Pensadores que no se han detenido con complacencia ni complicidad ante el brillante esplendor de una cultura que invita a la intrascendencia, sino que, desconfiando de sus palabras y hechos, han tratado de descubrir en otra dimensión y en otras palabras aquello que es capaz de hacer crecer al hombre.

Impulsados por su propia tendencia actualizadora, Rogers, Perls, Maslow, May, Moustakas, Allport y Frankl, entre otros, rebasaron las fronteras que la Psicología y la ciencia en general habían impuesto hasta entonces y, en una búsqueda incansable, situaron al hombre en un horizonte tremendamente luminoso. De esta manera, surge el Enfoque Humanista-Existencial o Tercera Fuerza de la Psicología contemporánea, cuyos principios y postulados se fundamentan en la corriente fenomenológica de Husserl y en el movimiento existencialista de Sören Kierkegaard, Martin Heidegger, Martin Buber y Carl Jaspers.

Ricos afluentes conjugan sus aguas en el mismo cauce, configurando lo que hoy se conoce como Psicología Humanista; corrientes que cruzándose calladamente traen, con el rumor de su oleaje, el aroma de tierras desconocidas e infinitas; así, acogiendo en su seno diversas metodologías y sistemas psicoterapéuticos como el Enfoque Centrado en la Persona de Carl Rogers, las teorías sobre la motivación, la autorrealización y la trascendencia de Abraham Maslow, la Psicología Existencial de Rollo May y James Bugental y los diversos planteamientos de Moustakas, Allport, Buhler y otros, el Enfoque Humanista-Existencial brinda, al hombre de hoy, un horizonte optimista y esperanzador que le permite introducirse en el camino hacia su autorrealización.

Con el convencimiento de que el ser humano tiende naturalmente hacia un desarrollo más complejo y completo, el Enfoque Humanista-Existencial tiene como propósito que la persona, al tomar conciencia de sí misma, se responsabilice de su propia existencia, pues, «... el individuo tiene dentro de sí la capacidad, por lo menos latente, de entender los factores que en su vida le causan desdicha y dolor y de reorganizarse en tal forma que pueda sobreponerse a tales factores». Partiendo de esta convicción, la Psicología Humanista afirma que dentro de todo ser humano existe la capacidad de crear estructuras originales, de descubrir nuevas opciones y alternativas para orientar su vida y autodeterminarse a partir de los valores que van cobrando un sentido y un significado personal.

En el primer congreso de la American Association for Humanistic Psychology, celebrado en Old Saybrook, Connecticut, Allport, Bugental, Rogers, May, Maslow, Murphy y Murray, así como otros humanistas, concluyeron que el interés básico del enfoque humanista estaría en el estudio y comprensión de los atributos humanos, tales como los valores, la autoconciencia, la salud, la creatividad, el significado de la existencia y la plena realización del potencial propio de la naturaleza humana. A partir de entonces, la Tercera Fuerza de la Psicología contemporánea ha procurado ofrecer una concepción y una experiencia mucho más amplia y profunda de lo que implica y significa «ser humano».

La Psicología Humanista no sólo se ha visto enriquecida por las corrientes filosóficas antes mencionadas, sino también por los estudios e investigaciones que, día a día, se llevan a cabo en esta línea. La apertura que ésta ha manifestado para admitir, dentro de su perspectiva, a diferentes corrientes de pensamiento, favoreció el surgimiento de la Cuarta Fuerza de la Psicología contemporánea, conocida como Psicología Transpersonal, que se presenta como un enfoque que contempla la naturaleza del ser humano imbuida de *espiritualidad* y con potencialidades que llevan al individuo a trascender las fronteras habituales de la identidad y de la experiencia de su condición humana.

Abraham Maslow, Anthony Sutich y más tarde Carl Rogers, al expandir su conciencia y su teoría más allá del humanismo, se dieron cuenta de que el desarrollo del *self* -sí mismo o yo mismo- no se quedaba en la actualización de las potencias y las dimensiones bio-psico-sociales que la Tercera Fuerza reconocía como propias de la naturaleza humana, sino que tenían un alcance mucho más amplio. El ser humano era capaz de *trascender*, es decir, de ir más allá de los condicionamientos y limitaciones de su humanidad. Por lo tanto, la Psicología necesitaba tanto extender sus horizontes para abrazar nuevas actitudes y valores, como desarrollar estructuras renovadas que permitieran trascender los conceptos y teorías hasta ese momento sostenidas y, así, ampliar las posibilidades de comprensión del complejo fenómeno humano hasta sus últimas consecuencias.

Miles. A. Vilch, actual editor del *Journal of Transpersonal Psychology*, escribió en su artículo «The origins and growth of Transpersonal Psychology» aparecido en el *Journal Of Humanistic Psychology*, que aproximadamente ocho años después del surgimiento de la «American Association for Humanistic Psychology» que se llevó a cabo en 1979, un grupo representativo de psicólogos que la formaban -Maslow, Rogers, Sutich, Huxley, entre otros- se dieron cuenta del nuevo horizonte que parecía abrirse para la Psicología y, conscientes de la concreta y específica metodología que debería seguirse, así como de su especial objeto de estudio, diferentes ambos de los de la Tercera Fuerza, decidieron buscarle un nombre adecuado que la distinguiera de las demás corrientes psicológicas.

Anthony J. Sutich, amigo de Maslow y primer editor responsable del *Journal of Transpersonal Psychology*, sugirió para esta posible Cuarta Fuerza de la Psicología el nombre de «Onto-Psicología», cuyos antecedentes podrían ser encontrados, según él, en «los métodos proyectivos, la autorrealización, los diversos tipos de experiencias supremas, las psicologías seguidoras de Jung, algunos pensadores teológicos, etc.». Asimismo, Miles Vich tratando de acercarse al sentido que tendría esta corriente, expresa que este nuevo y radical rumbo dentro del estudio de la psique del hombre podía ser manifestado de mejor manera a través de un aforismo del Budismo Zen:

«To study psychology is to study self.
To study the self is to forget the self.
To forget the self is to be enlightened
by all things».

En reuniones posteriores, los miembros fundadores de la Asociación Americana de Psicología Humanista y también de la Asociación Americana de Psicología Transpersonal, propusieron títulos tentativos para esta nueva línea de estudio de la Psicología, que tiene mucho en común con las conclusiones de los místicos de Oriente y de Occidente así como con las de los físicos contemporáneos. Se propusieron, en ese entonces, muy diversos nombres: «Onto-Psicología», «Onto-Psychiatry», «Self-Psychology», «Psychology of ultimate concerns», etc. Finalmente y, retomando un término empleado por Carl G. Jung, Sir Julian Huxley propuso el de «Transpersonal Psychology».

Este nombre fue elegido debido a que la realización última de las potencialidades del ser humano van «más allá» (*Trans*) de lo que éste ha creído ser, y trascienden su persona o personalidad (máscara); además de que para encontrar -en tanto proceso- ese núcleo último de realización hay que ir «a través de...» (*Trans*) las limitaciones naturales y sociales impuestas por nuestra condición humana.

La contribución específica de Maslow a la Psicología Transpersonal consiste en la acentuación de la *experiencia cumbre*. Él fue el que extendió la exigencia de la percepción unitaria del organismo humano al área de la percepción mística y espiritual. Amplió la Psicología Humanista en un aspecto que hasta entonces tenía lugar únicamente en el área de la religión y de la filosofía, así «las experiencias no accesibles a la razón, como por ejemplo éxtasis, creatividad, meditación o telepatía, deben tomarse en el marco del concepto de la autorrealización con la misma seriedad que en el marco de las experiencias racionalmente comprensibles».

Tras un proceso de búsqueda, la Asociación Americana de Psicología Transpersonal presentó una definición de la Cuarta Fuerza de la Psicología: «la Psicología Transpersonal es aquella que se ocupa de estudiar empírica y científicamente y de promover de manera responsable lo que se ha venido llamando *la vida espiritual*, las necesidades innatas de trascendencia y los valores últimos de la raza humana. Promueve, asimismo, la conciencia unitiva, las experiencias cumbres, la comprensión, el éxtasis, la experiencia mística, la actuación del sí, el conocimiento cósmico, la sinergia individual y de la humanidad entera, la meditación, los fenómenos trascendentes y el humorismo cósmico».

En medio de la profunda conmoción en la que vive el hombre, *¿dónde hallará la luz que lo alumbre y la fuerza para seguirla?* La Psicología Transpersonal, a través de la promoción de la "vida espiritual", intenta dar al hombre de hoy una respuesta válida que le permita trascender las limitaciones de su humanidad y buscar aquella Realidad última que le haga realmente feliz.

La *Conciencia* será el tema central de este libro ya que es a través de ella que los psicólogos transpersonales llevan a cabo sus investigaciones. Ayudados por el Método Fenomenológico, éstos han descubierto que el *concepto* o *imagen* de lo que *es* el hombre es estructurado a partir de la conciencia misma; conciencia que es develada a partir de los datos que proporcionan la percepción y la experiencia personales, es decir, la «subjetividad».

En otras palabras, lo que deseamos afirmar es que el único instrumento con el que contamos para estudiar a fondo al hombre es el hombre mismo y que el elemento constitutivo del ser humano que hace posible el estudio de la conciencia lo constituye la conciencia misma. Afirmación que nos lleva a concluir que, más allá de la pretendida «objetividad científica» del siglo XX y de la «subjetividad» que ambicionaba «observar» dicha realidad externa «objetiva», existe una «omnijetividad» que las incluye. De este modo, se puede integrar en una misma estructura, global y unitaria, tanto al hombre -no ya observador, sino participante- como a su entorno.

Asimismo, la ciencia actual ha determinado, a partir de los últimos estudios de la Física Cuántica y de la Teoría de la Relatividad, que tal parece que no existe una sola «realidad externa», sino infinitas realidades como seres humanos pueblan el planeta. La Psicología Transpersonal ha llegado a las mismas conclusiones por caminos distintos, afirmando la existencia de múltiples estados y niveles de conciencia.

Nos enorgullecemos de vivir en un siglo de luz y de ciencia. Y, sin embargo, la verdad es, por el contrario, que nos arrastramos todavía en formas rudimentarias e infantiles de conquista intelectual y espiritual. Por eso, es necesario que retornemos al origen, al hombre mismo para entender, a partir de dicha realidad, al que plantea la pregunta por sí mismo: el ser humano, hijo del cosmos vivo en permanente transformación.

I

Las fuentes de la Psicología Transpersonal

1. El Enfoque Humanista-Existencial

Ante la incapacidad que el pensamiento científico ha manifestado por resolver los problemas fundamentales del hombre surge, a mediados del siglo XX, el Enfoque Humanista-Existencial, cuya característica esencial es la comprensión de la naturaleza del ser humano como un organismo unitario, único y trascendente. Situada en un horizonte optimista y esperanzador, el Enfoque Humanista-Existencial se lanza al encuentro de esa *luz* que presiente como un secreto estímulo y un ardiente presagio. Una visión general del surgimiento del Enfoque Humanista-Existencial permitirá comprender su valioso aporte a la humanidad, así como la actitud de esperanza y optimismo de sus fundadores.

a. Antecedentes

Debido a la profunda crisis económica que sufrió Estados Unidos en los albores del siglo XX, surgió la necesidad de revisar las estrategias económicas seguidas hasta entonces y las relaciones sociales del individuo con su comunidad. Como consecuencia de este análisis, Franklin D. Roosvelt dio un fuerte giro a sus estrategias políticas, intentando reorientar el lazo social de la comunidad estadounidense hacia los valores morales que se habían extraviado con anterioridad y, en gran medida, fueron la causa de la crisis del momento. Gracias a este interés, y las estrategias sociales y educativas de apoyo, se fortaleció un optimismo pragmático y humanístico que influyó en todas las actividades de la sociedad norteamericana.

Otro factor que contribuyó a esta visión optimista, fue la inmigración de muchos europeos que, escapando del dominio nazi, se refugiaron en los Estados Unidos. Esta situación permitió un despertar en las artes y en las ciencias que, hallando un terreno fértil, abordaron cuestiones como la del valor y el sentido de la vida.

En este contexto, dice Quitmann (1), se intensificó la preocupación por las cuestiones filosóficas y, especialmente, por la filosofía existencialista. Así, Kierkegaard, Heidegger, Buber, Jaspes, Sartre, Fromm, Perls y otros, fueron recibidos con gran entusiasmo, como también los pensamientos de la filosofía oriental: el Hinduismo, el Budismo, el Zen y el Tao.

Para la psiquiatría americana imperante, representaron un reto de entendimiento y aceptación las contribuciones del existencialismo de Jean Paul Sartre y Albert Camus, el Análisis de la Existencia de Binswanger y Medard Boss y la orientación organísmica de Goldstein, por lo que se vio obligada a abrirse a otras áreas de la experiencia humana que no había tomado en cuenta hasta el momento y que iban del desánimo y la desesperación hasta la experiencia del amor y el éxtasis.

Por lo tanto, dos aspectos fundamentales se reúnen para abrir el camino de lo que se llamaría Psicología Humanista. Por un lado, la aceptación de la dimensión oscura, no desarrollada, amenazadora y dolorosa de la vida; por otro, la necesidad de revisar la *educación* que recibía el individuo en todos los niveles, pues las estructuras sociales -señalaban los existencialistas- son *generadoras de enfermedad* ya que alienan al ser humano de sí mismo y de sus semejantes. En este escenario y, en oposición al Psicoanálisis y al Conductismo, se desarrolló la Tercera Fuerza de la Psicología Contemporánea: Psicología Humanista, Enfoque Humanista-Existencial o Desarrollo Humano.

Sin embargo, fue hasta 1961, con la publicación del primer número del *Journal of Humanistic Psychology*, cuando esta corriente psicológica apareció con el nombre de Psicología Humanista. Un año más tarde se fundó, bajo la presidencia de Maslow, la American Association of Humanistic Psychology la cual se definía, en su fundación, como la Tercera Fuerza de la Psicología cuyo objetivo fundamental es atender, en primer término, las capacidades y potencialidades humanas que no tienen lugar sistemático, ni en la teoría positivista ni en la conductista, tales como la creatividad, el amor, el sí mismo, el crecimiento, el organismo, la necesidad básica de gratificación, la autoactualización, los valores superiores, el ser, el devenir, la espontaneidad, el juego, el humor, el afecto, la naturalidad, la trascendencia del yo, la objetividad, la autonomía, la responsabilidad, la salud psicológica y conceptos relacionados con ellos. Finalmente, es en 1971, con la creación de una sección de Psicología Humanista en el seno de la APA, cuando se reconoció la importancia de esta tendencia psicológica que se propone, desde entonces, ofrecer una concepción más amplia de lo que significa ser plenamente humano.

b. Supuestos filosóficos y psicológicos

La Psicología Humanista reúne en su seno diversas metodologías y sistemas psicoterapéuticos, como el Enfoque Centrado en la Persona de Carl Rogers, las teorías sobre la motivación, la autorrealización y la trascendencia de Abraham Maslow; la Psicología Existencial de Rollo May y Bugental y los diversos planteamientos de Moustakas, Allport, Bühler y otros; corrientes que, cruzándose calladamente, brindan al hombre de hoy un horizonte nuevo y esperanzador, más acorde a su realidad actual, que le permita liberarse de todas aquellas ataduras que lo han detenido en su desarrollo y dirigirse, en un proceso dinámico, hacia su autorrealización.

Asimismo, sus principios y postulados antropológicos y filosóficos se fundamentan en la corriente fenomenológica de Edmund Husserl y en el movimiento existencial de Sören Kierkegaard, Martin Heidegger, Martin Buber y Carl Jaspers, sobre todo, en su visión del ser humano y en los cuestionamientos que ambas corrientes se plantean. Así, reunidos en un mismo *corpus*, el humanismo y el existencialismo dan lugar a lo que se denomina Enfoque Humanista-Existencial.

Este *corpus* teórico y metodológico que configura Enfoque Humanista-Existencial, revela un contexto y una conexión mucho más amplia que los enfoques que le precedieron. La tremenda fuerza humanizadora que subyace en cada uno de los pensamientos que lo conforman, permite el despliegue de aspectos humanos que, en su dinamismo y profundización, amplían el concepto que se tenía hasta entonces del hombre debido a la dicotomía a la que estaba sujeto.

c. Objetivo y técnicas

El objetivo del Enfoque Humanista-Existencial es que la persona, al tomar conciencia de sí misma, se responsabilice de su propia existencia y sea capaz de reconocer que, a pesar de las condiciones impuestas por el ambiente, de las limitaciones físicas y de las experiencias que obstaculizan el desarrollo natural, existe en todo individuo un potencial que naturalmente tiende hacia la autorrealización. El proceso de desarrollo de las potencialidades humanas depende de la apertura a la experiencia, del aprendizaje y la disposición o apertura al cambio, así como de una búsqueda continua y constante del sentido de la propia vida y de sus significados.

A diferencia de otros enfoques, esta corriente no forma una escuela psicológica, sino que es básicamente una actitud positiva y esperanzadora del ser humano la que aglutina a los autores más influyentes de la misma. Por esta razón, no existen técnicas específicas para llevar a cabo la labor educativa o terapéutica del facilitador, por lo que el Enfoque Existencial-Humanista acentúa más su atención en el comportamiento del facilitador, en sus actitudes, su relación humana, la utilización de su intuición y su capacidad de comunicación en distintos niveles de comunicación.

d. El ser humano y su proceso de crecimiento

- Autorrealización organísmica

  Como parte de una corriente ascendente que busca un sentido más pleno, la vida del hombre es una ininterrumpida corriente que lleva en sus adentros un dinamismo que tiende al infinito. Por su complejidad misma -dice Teilhard de Chardin- el hombre es el producto máximo de un desarrollo ontogénico, es decir, progresivo y ascendente y, por este hecho mismo, es el hombre *el eje y la flecha* de la evolución. Capaz de reflexionar, capaz de co-reflexionar al comunicarse con las cosas y los demás hombres y, como veremos, capaz de ultra-reflexionar, el ser humano es el último gesto, la forma más completa, más compleja y más viva de todo el proceso evolutivo.

  Según Goldstein, la autorrealización es el motivo principal de la vida humana y es el resultado de una constante superación del «estado de tensión catastrófico» que sufre el organismo al «chocar en lucha productiva con el mundo». Así, esta intranquilidad permanente es un elemento esencial de una personalidad que se autorrealiza: «Llamamos normal, sano, a aquel en el que la tendencia a la realización sale *desde dentro* y al que supera las perturbaciones, que se derivan del choque con el mundo, no por el miedo, sino por la alegría de la superación» (2). Esta breve descripción permite comprender al ser humano como aquél que en permanente y constante *reestructuración*, orienta su vida al desarrollo de las posibilidades que residen en su interior.

Carl Rogers, coincidiendo, con Teilhard de Chardin, afirma «que en todo organismo existe, en cualquier nivel, una corriente fundamental de movimiento hacia la realización constructiva de sus posibilidades intrínsecas. También en los seres humanos existe una tendencia natural hacia un desarrollo más complejo y completo» (3). Rogers llama a este movimiento continuo hacia la realización «tendencia actualizadora» que se caracteriza por ser selectiva y direccional, es decir, *constructiva*. Al respecto, el mismo Rogers dice: «los organismos están siempre buscando, iniciando, siempre *tramando algo*. Hay una fuente central de energía en el organismo. Dicha fuente es una función confiable del conjunto del sistema, más que de una parte del mismo [...] La forma más simple de conceptualizarla es como tendencia a la realización, a la *actualización*, involucrando no sólo el mantenimiento, sino el enriquecimiento del organismo» (4).

La tendencia actualizadora constituye la base fundamental del enfoque personalizado y se caracteriza por una aspiración que mueve al individuo a alcanzar metas tales como la salud integral, la satisfacción de sus necesidades, el desarrollo corporal y espiritual pleno; también, resolver productivamente, la tensión entre autonomía y adaptación, entre dependencia e independencia, y entre integración y diferenciación. Dicho en otras palabras, el organismo busca la autorrealización o desarrollo total y la persona hace eco de este llamado poniendo en marcha su voluntad.

Diferente a otras opiniones, Rogers piensa que la autorrealización no es un fin o una meta, sino un «proceso» mediante el cual la persona va descubriendo, poco a poco, su *sí mismo*. Este proceso del devenir, le permite -en un acto de elección y decisión- expandirse y desarrollarse hacia un ser, en el que se *es*, cada vez más, sus propias posibilidades; así, «a medida que la persona adquiera mayor conocimiento de sí misma, con mayor seguridad se dirigirá hacia su autorrealización, pues, en definitiva, ella es la única que puede y debe encontrar, en último término, el camino de su vida» (5).

De acuerdo con el modelo rogeriano, una persona que se autorrealiza es una persona que funciona plenamente. Una persona funcional es libre, es segura al ser realista, es creativa, abierta a la experiencia; sabe vivir existencialmente en un proceso continuo de resolución flexible, en un proceso personal de renovación fluyente y cambiante de la organización del yo y de la personalidad; se experimenta a sí mismo como digno de confianza, acepta sus fallas y hace todo aquello que le permita crecer.

Por otro lado, para Abraham Maslow el organismo funciona de forma unitaria y tiende siempre al crecimiento. Su teoría de las necesidades humanas es de gran importancia pues a través de ella plantea una «jerarquía» de las necesidades del hombre. Existe -dice Maslow- un cierto tipo de necesidades menores -*deficientes*- que, superadas, permiten la aparición de las «verdaderas necesidades o meta necesidades» que son, las que permiten el crecimiento o autorrealización. De este modo, Maslow afirma que la «diferencia más profunda entre los seres que se autorrealizan y los otros» consiste en que lo primeros «viven» y los segundos se «preparan para la vida», pues, las personas que se autorrealizan están dotados de una motivación de crecimiento y los otros de una «motivación de deficiencia».

Para completar la realización del individuo como ser unificado, Maslow afirma que es necesario aumentar en el hombre la tensión, mediante nuevas y desafiantes experiencias, que lo impulsen hacia la obtención de la felicidad. Para ello propone el concepto de «experiencia cumbre», que extiende la percepción unitaria del organismo y su realización máxima al área de la percepción mística y espiritual.

El concepto de «experiencia cumbre» adquiere una función clave en su teoría de la autorrealización, gracias a ella experimentamos al mundo de manera integral; es decir, la experiencia cumbre lleva a la persona «hacia la esencia de las cosas mismas». La experiencia cumbre es una especie de fusión corporal con el mundo, pues, durante un momento, pareciera que todo el ser fuera *uno* con el universo. Vista de esta manera, la experiencia cumbre es determinante para el individuo pues le permite tener una comprensión unificada del universo y de sí mismo.

El esquema siguiente ilustra lo expuesto hasta el momento y en los capítulos siguientes.

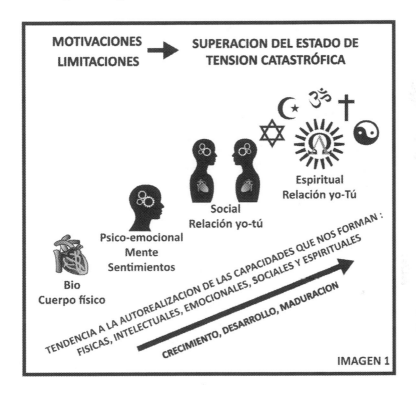

IMAGEN 1

- El Autoconcepto y su desarrollo

El ser humano -como organismo vivo- es un ser dinámico, que busca su desarrollo pleno; es decir, el hombre jamás es sólo lo que pueda ser en una situación o desde un aspecto determinado, sino el que está siempre en camino, en proceso. Esta exigencia de ser lo que es constituye el fundamento y la guía de *su* elección, la razón de *su* decisión. Así, si la indeterminación -el *no ser*- es la posibilidad de ser; el existir es, entonces, la plataforma que lo lanza hacia la *trascendencia*. En su existencia el hombre comprende su naturaleza originaria y se da cuenta de ella no conociéndola ni pensándola, sino viviéndola. De este modo, el verdadero comienzo de la vida llega a la persona cuando ésta toma conciencia de sí misma y se responsabiliza de su propia existencia: *salto* empeñoso, voluntario, constante y progresivo que le abre un íntimo y desconocido horizonte de posibilidades.

Durante el desarrollo del organismo, aparece un elemento que ejerce profunda influencia sobre él y que lo distingue de cualquier otro organismo vivo: la conciencia de sí mismo. Esta conciencia de sí mismo le permite al organismo autodeterminarse ante los objetos y los demás seres de la realidad que lo rodean.

Sin embargo, el hombre no aparece *junto* a las cosas y los seres humanos de su entorno, sino siempre en *relación* con ellos. Como todo ser vivo, es una estructura abierta que se desarrolla en constante intercambio con el medio en el que está inserto. Es a partir de esa condición de apertura, en una constante interacción con su medio ambiente, desde la cual el hombre se desarrolla en su totalidad. Por eso, el retorno a su interioridad, su tender a realizarse a sí mismo y únicamente a sí mismo, ponen al hombre en una *relación* necesaria con la realidad existencial, pues «si me fijo en lo que significan para mí los objetos y los fenómenos del mundo, comprendo siempre simultáneamente, quién y lo que soy yo mismo» (6). Ser humano y mundo, sujeto y objeto, ser y conciencia, dentro y fuera representan siempre en último término una unidad indivisible.

La interacción -relación/intercambio- que realiza la persona con su entorno se da en todos los niveles de su desarrollo. Es una especie de dinámica que busca el equilibrio mediante los mecanismos de acomodación y asimilación: acomodación del *yo* al exterior y asimilación de lo que procede del exterior por parte del *yo*.

Por eso es que Fritz Perls afirma que «el organismo como realidad total, biológica y social tiende al *equilibrio* o centro cero de los opuestos que se manifiesta a través de una lucha constante entre la autoconservación y el crecimiento» (7). En el transcurso de esta tendencia permanente hacia el equilibrio, el organismo entra en contacto consigo mismo y con el entorno, toma del medio ambiente aquellas cosas que le hacen falta, o bien se desprende de ellas si las posee en sobreabundancia; así, el *yo* tiene la función de decidir y experimentar el conflicto y transformar lo dado. De este modo, la vivencia y la experiencia de los conflictos son un componente necesario en el proceso de la adaptación creadora. En este marco, los sentimientos desempeñan una función importante, pues son el «medio del conocimiento», los portadores únicos e insustituibles de las informaciones sobre el organismo y el campo del entorno.

Como consecuencia de esta interacción entre el organismo y el medio, la capacidad de tomar conciencia del ser y del actuar del individuo aumenta y se organiza gradualmente para formar el *concepto del yo* que, como objeto de la percepción forma parte del campo experiencial. Así, «el sí mismo o autoconcepto es la visión que una persona tiene de sí misma y que se basa en experiencias pasadas, hechos presentes y expectativas futuras» (8).

El equilibrio personal y el desarrollo armónico de la personalidad están grandemente influidos y condicionados por las experiencias que la persona tiene desde que nace y en cómo las integra a su yo, así como en la forma de comunicarse con los otros seres de su entorno. Es necesaria una sucesiva integración entre lo que se aprende, lo que se piensa -a partir de sucesivas exploraciones y comprobaciones- y lo que se vive internamente. En este proceso de integración, la persona aprende a reconocerse, diferenciarse y valorarse entre un yo y un no-yo. De aquí que, gradualmente, el yo pueda expresar: "yo soy único, yo amo y sé por qué amo, yo siento y yo manifiesto mis afectos, yo quiero y yo busco el bien que planeo; yo decido y de mí sólo proviene la última resolución de lo que decido".

El *sí mismo* se va conquistando y construyendo de forma dinámica mediante un constante y progresivo reconocimiento que supone, desde luego, una acción recíproca entre él y su medio ambiente, entre él y su entorno social. Este énfasis en el cambio y la flexibilidad, permiten a Rogers afirmar que la gente es capaz de crecer, cambiar y desarrollarse en forma personal e irrepetible.

El Enfoque Humanista-Existencial pone especial énfasis en las relaciones interpersonales, pues es innegable que el ser lo *es* en *relación*: es ser-con-el-mundo y ser-con-los-otros. La necesidad de llegar a ser *sí mismo* coloca, continuamente, al hombre frente al *otro*: no puede existir de modo a alguno si no co-existe; no puede definirse en una función, en un acto, en un sentimiento cualquiera, sino definiendo al mismo tiempo a los otros, conexos con él -de cerca o de lejos- en el propósito de estos actos. La existencia, es así, el movimiento que lleva a la persona más allá de sí mismo; no sólo *en* el mundo, sino también *entre* los otros. La *relación* se convierte, entonces, en una necesidad existencial, puesto que uno por sí solo no puede llegar a ser él mismo: «el hecho fundamental de la existencia no es el ser humano, sino *el hombre con los hombres*» (9).

El hombre puede reconocerse y afirmarse ante los objetos en una relación *yo-ello*; sin embargo, ésta sólo le proporciona un reconocimiento parcial, pues no le permite saber, con precisión, cuán humano es. Puede, asimismo, reconocerse y autodeterminarse ante las otras personas en una relación *yo-tú* que, por sus características, le da la posibilidad de comunicarse y desarrollarse.

Por su reciprocidad, por su plenitud, por presentar al *tú* de manera inmediata y, sobre todo, por hacernos diálogo, la relación *yo-tú* se convierte en un verdadero *encuentro* que permite el crecimiento y el desarrollo de las potencialidades de la persona. De acuerdo a lo anterior, Rogers afirma que las relaciones interpersonales representan un camino de crecimiento para la persona, pues «si puedo crear un cierto tipo de relación, la otra persona descubrirá en sí misma su capacidad de utilizarla para su propia maduración y de esa manera se producirá el cambio y el desarrollo individual» (10).

Durante mucho tiempo, los filósofos han insistido en estudiar al hombre examinando al *yo* de manera aislada sin tomar en cuenta el aspecto que determina lo que suele llamarse «humano». Este planteamiento ha reducido al hombre y lo ha convertido en un concepto más a través del cual difícilmente se comprende quién es. Sin embargo, si se le contempla desde el contexto del *encuentro*, se puede comprender mejor su naturaleza de ser humano, por la sencilla razón de que, en el encuentro, aparece, de manera sutil, la palabra: revelación de lo más íntimo y puro del hombre. Así, la palabra es el medio para llegar uno al otro, pues, *desde que somos un diálogo y podemos oír unos de otros* hemos aprendido y experimentado mucho; esto es, hemos evolucionado como especie.

Para el Desarrollo Humano, la comunicación es el eje de las relaciones; o dicho de otro modo, el encuentro es la relación que verdaderamente construye a la persona, que la define con plenitud. El hombre sabe que es humano únicamente cuando está frente a otros; es decir, cuando se encuentra en plena acción comunicativa. Del cielo a la tierra difiere la visión del aislado de la del acompañado. Más aún, para cerciorarse qué tan humano es, el individuo necesita enfrentarse a otros. La madre sabe y demuestra ser madre frente al hijo, el esposo frente a la esposa, el profesor frente al alumno. Frente a otros sabe si acierta o falla o desfallece o vence. Sabe, en consecuencia, que tan humano es por comparación.

Sin embargo, si no hay una buena comunicación con uno mismo, no puede darse una buena comunicación con los demás. ¿Qué supone mantener una buena relación consigo mismo? ¿Qué significa? Supone un conocimiento y aceptación básicos del yo y la no existencia de bloqueos de algunas partes del propio «sí mismo» -reprimidas o negadas a la conciencia. El que mantiene una buena relación consigo mismo sabe quién es realmente y cómo trabajar para lograr ser cada vez más plenamente él mismo. Una persona así está preparada para abrirse a la experiencia. Está «equipado» para la comunicación con los otros.

Por eso, uno de los factores que facilitan el crecimiento y el desarrollo de las potencialidades de la persona es la relación interpersonal sana y funcional con los demás. Si buscamos que las relaciones interpersonales sean verdaderos *encuentros*, es necesario, según Rogers, que cumplan ciertas características.

Para que una persona se *abra al proceso del encuentro* se requiere que éste sea promovido a través de las actitudes de aceptación positiva incondicional, comprensión empática y congruencia por parte del docente, o facilitador. Estas tres actitudes son necesarias para crear una atmósfera cálida y aceptante, que facilite la actualización de las tendencias autorrealizantes y para el despliegue de las áreas de la personalidad que permanecen oscuras o se han paralizado por diferentes razones.

• El desarrollo de las potencialidades

Diferente a las propuestas psicoanalítica y conductista que niegan la existencia de tendencias innatas al desarrollo y la trascendencia, el Enfoque Humanista-Existencial cree que el «ser humano nace con un enorme potencial a desarrollar; tiende hacia la vida, el bienestar, el desarrollo, la promoción personal y a la trascendencia» (11). El ser humano, pues, es visto como un ser dinámico que busca su desarrollo pleno. Sabiéndose inacabado, está siempre en camino, en proceso. Trascendiendo hacia el ser reconoce sus límites pero también reconoce la absolutez del ser hacia el cual se mueve.

Situado entre la nada y la trascendencia, el hombre debe encontrar en sí, *en la naturaleza misma de su existencia*, el motivo y la fuerza de su realización. Esta tendencia hacia la autorrealización sale «desde dentro» y «es una tendencia natural hacia un desarrollo más complejo y completo», es una aspiración que dirige al ser humano hacia metas más elevadas; es, en definitiva, la búsqueda de la trascendencia, de la plenitud, que, como potencialidad innata, busca su propia realización.

La trascendencia, en sí misma, implica un *proceso* o movimiento de subida, mediante el cual, la persona -en un acto de elección y decisión- expande y desarrolla sus potencialidades hasta desarrollarse en su totalidad. La realización de las potencialidades, capacidades o talentos, le permiten al ser humano encaminarse hacia el cumplimiento de su misión o vocación infinitas.

Pero, por otro lado, el ascenso a lo trascendente significa, simultáneamente, un descenso a lo inmanente, a las profundidades del sí mismo que acaba por reconocerse como el Sí Mismo. Y es que, al auto conocerse, se reconoce como la potencialidad infinita que late en su interior mismo. Subida y bajada son lo mismo porque, en realidad, no hay a dónde ir: se es lo mismo afuera que adentro, arriba que abajo. Con este razonamiento podemos entender más fácilmente las verdades que pretende transmitirnos el Enfoque Transpersonal.

Como podemos observar en el siguiente esquema, propuesto por Houston Smith, las relaciones "arriba / abajo" y "afuera / adentro" se mueven en los mismos niveles de realidad y de conciencia durante el proceso de auto conocimiento que es, en el fondo, un proceso de Re conocimiento.

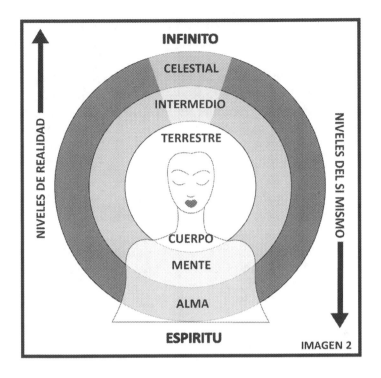

IMAGEN 2

Según esta escuela de la Psicología, la conducta del ser humano es exquisitamente racional. Se mueve con ordenada y perspicaz complejidad hacia las metas que su organismo se esfuerza por alcanzar. Por eso, la persona que está en proceso de alcanzar su mejor ser, está abierta a la experiencia: vive con todos y cada uno de sus sentimientos y reacciones; hace uso de todo su equipo orgánico para sentir, tan exactamente como le sea posible; utiliza todos los datos que su sistema nervioso puede suministrarle a su conciencia, pero reconoce que su organismo total puede ser, y a menudo lo es, más sabio que su conciencia; permite que su organismo total funcione a su máxima complejidad para seleccionar, de la multitud de posibilidades, el comportamiento que en determinado momento es el más satisfactorio; confía en su organismo y en el funcionamiento de éste, no porque sea infalible, sino porque puede reconocer y asumir las consecuencias de cada una de sus acciones y corregirlas si no son satisfactorias.

La persona que funciona plenamente se permite experimentar sus sentimientos sin miedo a ninguno de ellos; es su propio suministro de evidencias, pero está abierta a evidencias de todas las fuentes que le rodean; está comprometida en el proceso de ser ella misma, y así descubre que es sensata y social; vive el momento actual, el aquí y el ahora, ya que reconoce que es la forma de vida más sana; por el conocimiento que tiene de sí misma, fluye libremente en y mediante sus experiencias. Idealmente, «Cuando una persona funciona plenamente, no hay barreras ni inhibiciones que le impidan experienciar plenamente todo lo que esté presente al organismo. Esta persona avanza hacia la totalidad, la integración, la vida unificada. La conciencia participa en esta tendencia formativa más amplia y creativa» (12).

De la misma manera, las "experiencias cumbre", afirma Maslow, intensifican el desarrollo de las potencialidades, pues nos permiten avanzar más allá del nivel ordinario de la conciencia. En este estado alterado de la conciencia, la persona entra en contacto con el flujo evolutivo y adquiere mayor conocimiento de sí misma. Visualiza el sí-mismo individual como disuelto en un área total de valores más elevados, en especial de belleza, armonía y amor. De este modo, la persona se siente identificada con el cosmos como en el caso de la experiencia mística.

No obstante, esta visión optimista y constructiva del ser humano no impide que el Enfoque Humanista-Existencial se olvide de los aspectos trágicos de la existencia humana, como el dolor y el mal en el mundo, pues estos aspectos, como los demás ya mencionados, le permiten al hombre madurar y crecer.

Si el ser humano decide vivir alegre y volitivamente su proceso de convertirse en persona, es porque en algún momento de su existencia escuchó, en sus adentros, una voz que lo invitaba a lanzarse resueltamente a la corriente de la vida. Esta es una voz que, teniendo significado per se, da sentido a toda vida humana. Así dispuesto, el hombre resuelve su existencia dando un *salto* empeñoso, voluntario, constante y progresivo hacia su misión última, la plena y total realización: la auto-realización.

d. Carl Rogers y la Orientación Centrada en la Persona

Como lo mencionamos anteriormente, uno de los autores más importantes de esta corriente es el Dr. Carl Rogers, quien desarrolló sus teorías basándose en los modelos psicoanalíticos que flotaban en el ambiente. Más tarde complementó sus propuestas teóricas y prácticas a partir de los trabajos y teorías de psicólogos como Abraham Maslow, Víctor Frankl, Fritz Perls y Rollo May.

Con el objetivo de sintetizar lo ya escrito, expondremos los elementos esenciales del Enfoque Centrado en la Persona de Carl Rogers como una muestra representativa del Enfoque Humanista Existencial.

- El concepto de sí mismo o *self*

    Según Sigmund Freud, el «ego» es un elemento de la conciencia que opera bajo el principio de la realidad. Su función -como parte de la conciencia- es imponer su legalidad interfiriendo sobre la acción del «Id o Ello» para corregirla. El «yo o ego» es la instancia de la personalidad que está en contacto con la realidad externa, pero siempre en complicidad con el inconsciente. Un «yo» independiente no aparece en los postulados de la teoría freudiana.

    Skinner define la personalidad como una «colección de patrones de conducta» que tienen su razón de ser en las experiencias previas vividas por la persona, así como en la historia genética de aquélla. Skinner no acepta la existencia de un «ego» o un «sí mismo» ya que, al no ser observables científicamente, no pueden ser tomados en cuenta en un análisis científico de la conducta.

    Para Skinner, el «sí mismo» es una ficción explicativa. En la posición científica de la Psicología no hay lugar para un «sí mismo» creador o iniciador de una conducta. El hombre debe olvidarse de que existe un «yo interior» y aceptar la realidad: su conducta se da en función de una historia genética y de contingencias ambientales. El conocimiento de ambas permitirá explicar el comportamiento sin necesidad de apelar, en ningún momento, a un hombre autónomo interno.

    Muy lejos de estas posturas, Carl Jung, piensa que el «sí mismo» es el arquetipo central del orden y la totalidad de la personalidad y que es un factor interno de guía más profundo y diferente del «ego» y del «consciente».

    Por su lado, Alfred Adler sostiene que el «sí mismo» está conformado por el estilo de vida del individuo. El «sí mismo» *es* la personalidad de un individuo y es un todo integrado que se aprecia a través de las transacciones del sujeto con su mundo.

    Abraham Maslow opina que el yo no es una estructura específica dentro de la personalidad. Sin embargo, lo coloca como "punto central interior" o "naturaleza innata del individuo" ya que está formado por nuestros propios gustos, valores y metas. Así, pues, autoactualizarse -dice Maslow- es aprender a estar en armonía con la naturaleza interior. Esto significa aprender a decidir por uno mismo después de un proceso racional y emocional de toma de decisiones.

Para Rogers, el «sí mismo» es la visión que una persona tiene de sí misma y que se basa en las experiencias pasadas, hechos presentes y expectativas futuras. Por eso Rogers señala la existencia de un «sí mismo ideal» o autoconcepto que más le gustaría tener a un individuo y sobre el cual sitúa el más alto valor para sí mismo. El «sí mismo» tiene un papel fundamental en el desarrollo de la autoestima de una persona.

Como podemos observar en el esquema siguiente, mientras más profundice la persona en su proceso de auto conocimiento más cerca está del Sí mismo (Self) ideal. Mientras más superficial sea este conocimiento propio, más dependerá de las exigencias ignorantes del "yo" o ego, el cual es carencia o ausencia de Ser.

NUESTRA DOBLE NATURALEZA

Ego : yo	Self: Yo/Tú
Egoísta: yo	Generoso: tú
Ególatra: sólo yo	Servicio: tú
Odio, rencor	Humilde
Miedo	Amor
Cobardía	Perdón
Ignorancia	Fuerza
Materia	Valentía
Enfermedad	Sabiduría
Muerte	Espíritu
Oscuridad	Luz, Vida, Salud
Discípulo Demonio	**Maestro Dios**

Encuentro o Boda Mística

SELF

Religión o Sendero Espiritual

EGO

IMAGEN 3

- El papel de la experiencia en el proceso de desarrollo

Para Rogers la experiencia es el fundamento del autoconocimiento, la autoaceptación y la capacidad personal de cambiar para mejorar. Rogers expresa: «La *experiencia* es, para mí, la máxima autoridad. La prueba está en mi propia experiencia. Ni las ideas de otras personas ni ninguna de mis ideas, son tan determinantes como mi experiencia [...] Quizá la razón más importante que me impulsa a arriesgarme es el haber descubierto que al hacerlo, tanto si triunfo como si fracaso, aprendo. Aprender, especialmente de la *experiencia*, ha sido el elemento principal que ha hecho de mi vida valga la pena [...] Aprender de ese modo me ayuda a desarrollarme» (13).

La experiencia es tomar conciencia, hacerse cargo de lo que sucede en la interioridad; es vivir los diferentes acontecimientos participando con toda la persona; es tener la *evidencia* de aquello en lo se está implicado en cada momento. Por eso, la experiencia es la fuente a la que se debe recurrir una y otra vez para adquirir el conocimiento subjetivo que permita a encaminarse a la resolución de los problemas y/o a la búsqueda del crecimiento: «Ni las revelaciones de Dios o del hombre pueden ser más importantes que mi propia experiencia».

- El núcleo de la personalidad o "sí mismo" (ego / Self)

La tendencia principal del núcleo de la personalidad o «sí mismo» (*self*) es descubrir y actualizar conscientemente las potencialidades inherentes al ser. Este conjunto de potencialidades existe en todos los organismos vivos, incluyendo las plantas. Sin embargo, el ser humano posee una forma distinta para la actualización de sus capacidades conocida como «autorrealización o autoactualización».

El «sí mismo» es el «sentido consciente» que permite a la persona darse cuenta de que existe y de cómo existe; es la visión que el sujeto tiene de sí mismo y que se basa en experiencias pasadas, hechos presentes y expectativas futuras. El «sí mismo» emerge gradualmente a través de las experiencias y se reconoce a través de etiquetas verbales tales como «yo» o «mí».

Por pertenecer al «campo de las experiencias», Rogers afirma que el «sí mismo» es una «realidad fenomenológica» que permite al individuo comprobar si la imagen subjetiva que se formó, mediante su percepción, corresponde o no a la realidad. Así, el «sí mismo» es una estructura de comprobación o de «ajuste».

Esta percepción o constructo consciente influye de manera determinante en la conducta de la persona, pues como «una *Gestalt* coherente y organizada que se encuentra en continuo *proceso* de construcción y reconstrucción a medida que las situaciones cambian, permite que la persona sea capaz de crecer, cambiar y desarrollarse en forma personal» (14).

La diferencia o no coincidencia entre el «sí mismo» y la experiencia provocan perturbaciones o desajustes en la personalidad de un individuo. Por eso, afirma Rogers, es indispensable que, desde la niñez, la persona se sienta amada y reconocida, no sólo por los padres, sino también por las demás personas, pues, al no tener una «atención incondicional positiva», el individuo va creando un esquema valorativo diferente a su experiencia, hasta tal punto, que llega a ignorar *sus* experiencias si no quiere perder la estima de los demás. De aquí que la presencia o carencia de esta consideración amorosa influya en la formación y desarrollo de la autoimagen.

- Desarrollo

Rogers no especifica etapas del desarrollo como las descritas por Freud. Pero, como el *autoconcepto* está social y genéticamente condicionado, sí reconoce la importancia de estos factores en el desarrollo de las potencialidades intrínsecas. Dice Rogers: «... los individuos tienen dentro de sí vastos recursos de autocomprensión y para la alteración de conceptos propios, actitudes básicas y conducta autodirigida» (15).

Las influencias más importantes para el desarrollo del autoconcepto son:

– Reconocimiento positivo condicionado

La persona obtiene amor o aprobación sólo si se comporta de acuerdo a los deseos de otras personas. Esta conducta conduce a la incongruencia o al empleo de las «condiciones de mérito». La primera, se da cuando existe una brecha entre el «sí mismo real» y el «sí mismo ideal». La segunda, se refiere al conjunto de actitudes que el individuo construye en su interior y que configura el «concepto» que debe «cumplir» para seguir siendo respetable, amado y aceptado por las demás personas. Estas actitudes llevan a la incongruencia. Tanto las condiciones de mérito como la incongruencia, obstaculizan la autorrealización y conducen a comportamientos defensivos que pueden presentarse como negaciones o distorsiones de la realidad.

– Reconocimiento positivo incondicional

Consiste en reconocer y manifestar el valor absoluto que la persona tiene por el sólo hecho de existir. Este reconocimiento positivo incondicional es el factor decisivo para la construcción de una autoimagen sólida y sana que permitirá a la persona el desarrollo de sus capacidades.

– Congruencia

Esta palabra se refiere a dos conceptos que, aunque parecen distantes, permiten que la persona haga coincidir su *sí mismo* con la realidad. Por un lado, «congruencia» significa que la comunicación -lo que uno expresa-, la experiencia -lo que ocurre en el interior- y el conocimiento -lo que se observa- son todos semejantes. Es decir, todos estos elementos coinciden y, además, las observaciones propias y las de un observador son compatibles.

• Teoría de la personalidad

Para Rogers existen dos tipos de personas. La primera es una entidad "sana" cuya tendencia a la autorrealización funciona vigorosamente; la segunda es aquélla que, por causa de diferentes bloqueadores, ha frenado o detenido su desarrollo. No obstante, el individuo que presenta disturbios o confusiones posee también un cierto nivel de habilidad y de conciencia y que solamente hay que facilitar y habilitar su desarrollo.

Al primer tipo de personas Carl Rogers las llama «personas que funcionan plenamente». Es la persona ideal que, por haber recibido reconocimientos positivos incondicionales de manera adecuada, tiene pocas condiciones de mérito y presenta niveles altos de congruencia entre su sí mismo real y su sí mismo ideal.

Las características más importantes de la persona que funciona plenamente son:

— Se encuentra «abierta a la experiencia» y no se siente amenazada por personas o situaciones, por lo tanto, no está a la defensiva; es reflexiva y acepta todas sus emociones, por lo que también es flexible y comprensiva.

— Vive con intensidad cada momento de su vida -vivencia existencial-, es flexible con ella y con los demás; sabe adaptarse a distintas condiciones medioambientales y es espontáneo y natural.

— Tiene confianza en la sabiduría de su organismo ya que ha descubierto que éste merece la pena de ser escuchado y tomado en cuenta. Se encuentra dispuesto, por lo mismo, a aceptar las «vivencias intuitivas», que son mensajes organísmicos que recibe de su propio ser.

— El individuo que funciona plenamente tiene «libertad existencial»: es una persona que depende poco de los demás y no acude a ellos en búsqueda de aprobación o desaprobación. Por lo tanto, tiene claros los valores y las reglas por las cuales ha de regir su vida y, a partir de ellas, toma sus decisiones.

— La creatividad es una de las características que destacan en este tipo de personas. Tienen habilidad para producir nuevas ideas, cada vez más originales y efectivas. La pregunta más importante que se puede plantear es: «¿Estoy viviendo de una manera que me satisface plenamente y que me expresa tal y como soy? Y, si no es así ¿Qué *puedo* hacer para modificarlo?».

En cuanto al individuo que funciona deficientemente, identifica las siguientes características:

— Es alguien que ha recibido reconocimientos positivos condicionados, razón por la cual ha desarrollado «condiciones de mérito» significativas. Asimismo, existe incongruencia entre su sí mismo real y su sí mismo ideal.

- Vive a la defensiva ya que percibe sus experiencias como amenazadoras a su integridad total. Este mundo interno experiencial le resulta incoherente con la imagen que ha formado de sí mismo, de los demás y del mundo externo.

- Vive de acuerdo a un plan predeterminado, generalmente impuesto por los padres u otras personas con poder para imponérselo.

- Desconfía de su sabiduría organísmica, razón por la cual no presta atención a los mensajes intuitivos que surgen de su interior.

- Experimenta un constante estado de manipulación pues, por no tener «libertad existencial», no sabe dirigir su propia vida. Es por eso que "entrega" a los demás la responsabilidad de su propia existencia.

- No desarrolla sus capacidades creativas, por lo que se considera un ser común y corriente, conformándose con su situación actual.

- La relación de ayuda centrada en la persona

Cada persona posee fuerzas o tendencias positivas naturales e innatas que lo pueden conducir hacia la salud y el crecimiento. Si estas capacidades o talentos se actualizan, la persona es capaz de identificar el grado de desajuste o incongruencia entre su autoconcepto y las experiencias reales.

Esta capacidad se une, necesariamente, a la capacidad de modificar el autoconcepto para armonizarlo, cada vez más, con la realidad. Este proceso de autocorrección o alteración de conceptos propios reduce al mínimo los obstáculos que impiden el desarrollo de la persona y puede fortalecerse si el orientador logra crear un clima de actitudes psicológicas facilitadoras.

Rogers identificó tres actitudes básicas para el trabajo con personas que, por crear una atmósfera facilitadora, determinan el éxito del proceso de desarrollo, aún más que las técnicas o el proceso mismo. Estas actitudes son: congruencia, empatía y reconocimiento incondicional.

- Los buenos orientadores –docentes o coaches empresariales– deben evitar al máximo el empleo de pre-juicios en su relación con la persona. Deben desarrollar la capacidad de relacionarse con los demás con honestidad y sinceridad. Aunque no tienen por qué ser «perfectos», deben evitar estar a la defensiva cuando se relacionan con otras personas y manifestar su experiencia emocional en todo momento. Rogers dice que cuanto mayor sea la autenticidad que se manifieste en una relación, mayor será la posibilidad de que la persona cambie y se desarrolle de un modo constructivo.

- El orientador debe ser capaz de comprender a su cliente; esto es, debe ser capaz de «ponerse en los zapatos del otro y caminar una milla con ellos». Debe ser auténtico en la comprensión de la vivencia del otro y no fingir que comprende a su cliente. A esta actitud, Rogers la llamó «empatía», que significa «sentir dentro», sentir como si estuviéramos dentro del otro.

- La empatía es una de las condiciones esenciales para entablar una relación interpersonal. Dentro del contexto de la «orientación autodirigida», la empatía consiste en poder sentir el mundo interno del cliente, su propio mundo privado, *como si fuera propio*, pero sin perder nunca de vista el «como si»; es decir, experimentar los sentimientos de coraje, tristeza, confusión, injusticia o alegría y ternura *como si* fueran propios.

La escucha empática le permite al orientador "entrar" al mundo interno de su cliente y auxiliar en su clarificación. Gracias a esta actitud, puede moverse libremente en el espacio interior del otro y comunicarle (reflejo empático) dicho entendimiento con el objetivo de que tome conciencia de su propio mundo interior.

Rogers expresa: «Este modo sensible y activo de escuchar es sumamente excepcional en nuestras vidas. Creemos que escuchamos, pero raramente lo hacemos con auténtica comprensión, realmente proyectándonos. Sin embargo, esta forma especial de escuchar constituye una de las fuerzas de cambio más potentes que conozco. […] Cuando las personas son aceptadas y apreciadas, tienden a desarrollar una actitud de mayor cariño hacia sí mismas. Cuando se las oye con proyección personal por parte del oyente, son capaces de escuchar con mayor precisión el flujo de sus propias experiencias internas. Al comprender y apreciar el sí mismo, éste pasa a ser más congruente con la propia experiencia. Y de ese modo la persona pasa a ser más real, más auténtica. Estas tendencias, las recíprocas de las actitudes del terapeuta, le permiten convertirse en acrecentadora de su propio crecimiento. Hay mayor libertad para ser una persona real y total» (16).

—   El cliente debe ser genuinamente reconocido, respetado y amado por el orientador, pues cuanto mayor sea la aceptación de lo que es la persona en un momento dado, mayor probabilidad de que el cambio se consolide. Que el orientador tenga una actitud de aceptación incondicional positiva, no significa que éste deba aprobar o estar de acuerdo con el comportamiento del cliente, si esta conducta no le beneficia o daña a otros.

2. El Enfoque Transpersonal

a.   Antecedentes

> A pesar de las tinieblas del presente, nuestra cultura acaso tenga ya un pie en el umbral de un grandioso proceso evolucionador revolucionario. De todo corazón no digo sino esto: poder para la persona que surge y la revolución que aporta consigo
>
> Carl Rogers
> *La persona como centro*

En todos los períodos de la historia y en todas las sociedades humanas ha existido la búsqueda de un entendimiento de lo que significa ser existente (Cosmovisión). Asimismo, la búsqueda de un lenguaje conceptual común que indique la ruta hacia la perfección a la que aspiran el individuo y su sociedad.

Este entendimiento se basa en una *percepción espiritual* que, como la corriente de un río, lleva una dirección. Si una sociedad vive, será porque existe una percepción espiritual que va indicando el rumbo por el que, más o menos conscientemente, tienden a ir sus miembros. Si la humanidad progresa y se dirige hacia adelante, inevitablemente deberá haber una guía que proporcione dirección a ese movimiento.

Esta percepción espiritual, y su correspondiente expresión, están siempre presentes en nosotros. Si parece que no existe no es porque en realidad no esté ahí, sino porque el hombre no desea verla. Y a menudo no lo desea, pues, en su luminosidad, la percepción espiritual hace patente que la vida es vivida inconscientemente.

En el umbral de un nuevo siglo y quizá más que nunca, el hombre experimenta «la sed de ser». Deseo que brota del centro del corazón como una *voz* que lo invita a alcanzar *su mejor ser*. Nada extraño, pues la trascendencia es un hecho de la condición humana, y en el centro de la condición misma, como la raíz de la que surge el hecho de ser hombre, está la autotrascendencia. Más que ser una interrogación, más que un laberinto pulsional, más que un ser biológico-mecanizado, el hombre es *trascendencia,* lo que significa que no se conforma con lo que es y siempre se inscribe en el horizonte del ideal que aspira a realizar.

Este deseo no sólo ha sido expresado por todos los mejores hombres de épocas pasadas, no sólo es repetido en las formas más variadas y desde los más diversos lados por los mejores hombres de nuestro tiempo, sino que sirve *ya* como *signo amoroso* que encauza todas las complejas labores de la humanidad.

Por su complejidad misma -dice Teilhard de Chardin- el hombre es el producto máximo de un desarrollo ontogénico y, por este hecho, es el hombre *el eje y la flecha* de la evolución. «Ante nosotros, dice el jesuita, el mundo es como un laberinto. Muchas entradas, pero un sólo camino que conduce al *centro*. La naturaleza se resiste a nuestros esfuerzos por penetrarla, porque la tomamos a contrapelo. Escojamos mejor lo conocido y lo desconocido. Pongamos la *x* donde debe estar; es decir, en lo material y en el plural; y reconozcamos que lo consciente, lo libre, son evidencias humanas poco analizables. Entraremos, entonces, en el orden. Ya no hay umbrales infranqueables ni callejones sin salida […] El hilo de Ariadna, para dirigirnos en el universo, es el *nacimiento del espíritu*; y la mano que nos lo da, es el reconocimiento leal del *fenómeno humano*» (17), pues el hombre es el centro del mundo y permite comprender, no sólo lo que él *es*, sino igualmente el universo.

Siguiendo la línea marcada por Teilhard de Chardin, el Enfoque Humanista-Existencial pone toda su confianza en el ser humano, pues existe en él una *tendencia natural* que lo impulsa a desarrollar la totalidad de su potencialidad, incluso más allá de los límites humanos. Esta potencia es exultante -dice Teilhard de Chardin- y, por tanto, no perturba ni ahoga; por el contrario, empuja al hombre a la búsqueda y realización de *su mejor ser*. Por esta razón, la «tendencia actualizadora» -en la que pone énfasis Carl Rogers- constituye la base fundamental del Enfoque Humanista-Existencial y, como lo veremos, también del Enfoque Transpersonal.

La tendencia actualizadora está presente en el organismo como totalidad y, en el caso de los seres humanos, va más allá de la satisfacción de las «necesidades básicas», como bien dice Abraham Maslow. Esta tendencia actualizadora pretende la realización de actividades más generalizadas tales como «el desarrollo tendiente a la diferenciación creciente de los órganos y funciones, la expansión en función del crecimiento, la expansión de la eficacia mediante el uso de herramientas, la expansión y el mejoramiento a través de la reproducción» (18). La tendencia actualizante, tal y como es planteada por Rogers, lleva al organismo a su crecimiento en el sentido de su autonomía y unidad.

La tendencia al crecimiento, al desarrollo o a la actualización, si bien es defendida por la mayoría de los exponentes del Enfoque Humanista-Existencial, no les es exclusiva. Karen Horney, expositora destacada de la escuela psicoanalítica americana, afirma que cuando se dan las condiciones adecuadas en el proceso de maduración de la persona, «ésta tiende a desarrollar sus potencialidades humanas particulares […] En resumen, crecerá substancialmente y sin desviaciones hacia su realización. Y por esta razón hablo ahora del verdadero *yo* como la fuerza interior central, común a todos los seres humanos y, sin embargo, única en cada uno de ellos, que es la fuente profunda de crecimiento» (19).

Pero ¿cuál es el origen de esta tendencia innata que anima y lleva al organismo hacia su realización? El mismo Carl Rogers, en su artículo «The formative tendency» (20), da respuesta a esta interrogante. En él, Rogers reafirma su convicción de que la naturaleza humana es esencialmente constructiva y que es expresión -a su nivel- de una «tendencia formativa» que lleva al universo, como totalidad, a su perfección. La «complejización» de los sistemas y estructuras que lo componen, es la vía por la cual la totalidad de lo existente llega a la perfección. De este modo opera en el cosmos una tendencia de «complejidad» creciente que va de lo inorgánico a lo orgánico, y de este nivel a lo humano. La siguiente escala evolutiva, será, por supuesto, la de lo Supra humano o Ultra humano.

En este punto esencial, coinciden Carl Rogers y Teilhard de Chardin. Aunque históricamente anterior a Rogers, Teilhard de Chardin (1881-1955), célebre exégeta y científico jesuita, expresa en *La evolución del hombre* que la evolución es un hecho incontrovertible y por eso propone que contemplemos al fenómeno «hombre» no sólo en sus fases exteriores, sino en su intimidad misma, desde sus entrañas o, como él mismo dice, desde sus «adentros».

Cuando la evolución del universo se ve desde sus «adentros", puede observarse que el fenómeno evolutivo no es tan sólo una mera sucesión de hechos, sino una *corriente ascendente que adquiere cada vez un sentido más pleno*. Teilhard escribe: «En una perspectiva coherente del Mundo, la Vida supone inevitablemente, hasta perderse de vista, una Previda» (21). Es decir, antes de que la vida apareciera en nuestro planeta, existía ya, en el corazón mismo de la materia, una *aspiración a la vida* y, aún, una *conciencia*, si bien, una conciencia «extremadamente adelgazada». Si el hombre surge de la evolución del universo, si la vida se inicia en la materia, ¿cómo no pensar que esta materia primitiva y primigenia no contiene ya, en alguna forma, lo que acabará por transformarse en conciencia?

La evolución entera del universo pasa, así, por tres etapas progresivas y ascendentes: la previda, la vida y el pensamiento o la conciencia. El hombre es la última instancia de un prolongado proceso de elaboración. De ahí su lugar privilegiado. «El hombre -dice Teilhard- no es centro estático del mundo -como se ha creído durante largo tiempo-, *sino eje y flecha de la Evolución*, lo que es mucho más hermoso» (22).

En el hombre, en su conciencia reflexiva, parece realizarse y estarse realizando a cada paso. Y esto constituye el verdadero sentido del universo. ¿Qué es lo que permite a Teilhard de Chardin considerar la génesis del mundo como capaz de sentido? ¿Qué es, por otra parte, lo que le autoriza a pensar que el hombre es real y verdaderamente el eje y la flecha, es decir, el verdadero centro dinámico del mundo? La actitud de Teilhard de Chardin se basa en dos principios complementarios: el de la *ontogénesis* y el de la *complejidad*.

El jesuita afirma que, así como el universo tiende a desgastarse progresivamente hasta destruirse, igualmente es observable la aparición en el tiempo y, en espacios orientados, de una distribución estadísticamente ordenada; es decir, de una *corriente ascendente* que adquiere, gradualmente, un sentido más pleno; tal es la ley de la *ontogénesis* que, a su vez, implica, la ley de la complejidad.

Mediante la ley de la *Complejidad*, se puede observar que la especie humana es la que ha logrado desarrollar una forma cerebral más compleja y que, por otra parte, a este desarrollo cerebral corresponde, igualmente, un crecimiento psíquico. Así, por su complejidad misma, el hombre es el producto máximo de un desarrollo ontogénico, esto es, progresivo y ascendente y, por este mismo hecho, es el hombre el eje y la flecha de la evolución.

Capaz de reflexionar, capaz de co-reflexionar al comunicarse con las cosas y los demás hombres y capaz de ultra-reflexionar; el ser humano es el último gesto, la forma más completa, más compleja y más viva de todo el proceso evolutivo: «El navío que nos lleva está todavía en marcha».

El universo progresa y crece hasta llegar al ser humano. El hombre también crece, progresa, se hace cada vez más complejo; es decir, evoluciona.

Sin embargo, ante estos nuevos estratos de mayor evolución, mayor socialización y mayor conciencia de la especie humana, el ser humano puede tomar algunas actitudes: podría cesar de actuar, aislarse de la masa y tratar de vivir fuera de la evolución que en conjunto vamos siendo; podría tratar de evadirse mediante una mística de separación mal entendida. Pero ninguna de estas actitudes es convincente para el espíritu, ya que: «Lo que podemos hacer, lo que en realidad debemos hacer es lanzarnos resueltamente en la corriente de conjunto para incorporarnos a ella» (23). Esta incorporación nos permitirá participar en el futuro; un futuro que, dentro de una progresiva complejidad organizada, nos promete también una mayor conciencia.

La *unidad* aparece, entonces, como el destino de los hombres en su progresivo intento de alcanzar un sentido dentro de la especie. Unidad que no implica una confusión de los individuos o una disolución final de cada ser particular en una homogeneidad anuladora, sino una síntesis que diferencia.

Crecerá la especie, crecerá la conciencia, crecerá la complejidad y «la marea ascendente de la Noogénesis equilibrará las tendencias descendientes de la Entropía» (24). A la muerte, al desgaste, se opondrá siempre el vigor del crecimiento. Pero este crecimiento hacia la unidad tendrá solamente sentido si es un *crecimiento amoroso*. El hombre de mañana podrá vivir a la vez individualizado y unido, consciente de sí y de la especie, reflexivo y co-reflexivo y, sobre todo, unificado a los demás en una «conspiración» animada de amor.

En *El medio divino*, ya plenamente en el campo de la expresión religiosa, Teilhard expresa: «cuanto más grande sea el Hombre, más unida esté la Humanidad, más consciente y señora de sus fuerzas, tanto más encontrará Cristo un cuerpo digno de su resurrección para extensiones místicas» (25). Así, Teilhard de Chardin piensa que a partir del hecho de la evolución -y no desde la mera teoría- el universo tiende hacia su plenitud. El universo no debe ser concebido bajo categorías estáticas, sino comprendérsele como un proceso evolutivo dinámico o «cosmogénesis».

Sin embargo, este tránsito de progreso y ascenso hacia la «conciencia» sólo llegará a su término cuando el Bien anule finalmente al Mal. En las *Reflexiones sobre la felicidad* expresa: «el *mal* está en los pesimistas y los epicúreos, es decir, en aquéllos que renuncian a seguir el ascenso que es toda vida; en aquéllos que, encerrados en su goce personal, quieren anular toda trascendencia. El *bien*, en cambio, resulta de una adhesión feliz que ya no es solamente co-reflexión, reflexión en común, sino, en última instancia, ultra-reflexión, una vez que los hombres no sólo se deciden a vivir con los demás hombres, sino a vivir centrados en Aquél a quien se dirigen los pasos de una vida que es, esencialmente, paso y progreso» (26).

Teilhard prevé, en breve, la entrada a esta etapa final de la evolución humana y le llama «fase de planetización». En esta etapa o fase evolutiva, habrá dolor de parto y convulsiones, pero, al mismo tiempo, aumentará el amor de modo cuantitativo y cualitativo. Sin embargo, la especie humana no conseguirá el logro efectivo de la «fase de planetización» hasta que alcance la «superconciencia o ultra-reflexión» que caracteriza a la «nóosfera» o última etapa de la humanización.

Durante la etapa final de la humanización, se dará una progresiva aproximación a la energía divina y, por lo mismo, la unificación de la humanidad pensante en una sociedad amorosa y personalizada en la cual «las diversas razas y civilizaciones humanas tenderán a sintetizarse y constituir un todo orgánicamente ligado, y convergerán diferentes aportaciones espirituales» (27).

La experiencia actual de la humanidad y una atenta lectura de los signos de este tiempo hablan, con suficiente claridad, acerca de las intenciones de este momento de la historia: *una época que se quiere terminar*. Sin embargo, la hora más oscura anuncia la luz. La aurora de este último momento de humanización comienza a irradiar su luz y su vida y, hoy ya, nuestro espíritu saborea esta vivencia.

De manera similar, Carl Rogers afirma en su libro *La persona como centro* que este último momento ya se está viviendo. Asimismo, en *On Personal Power*, expresa: «veo acercarse esta revolución, no como movimiento grande y organizado, ni como ejército armado y con flamear de banderas, y creo que no se logrará mediante manifiestos y declaraciones, sino a través de la aspiración de un *hombre nuevo*, en una marcha a través de las instituciones» (28). No muy lejana a esta idea, Marylin Ferguson, en su libro *La conspiración de Acuario*, describe características específicas de esta nueva etapa evolutiva de la humanidad.

Por eso, el tema del nuevo comienzo, de la disponibilidad frente a la llamada del ser y la necesidad de pensar la naturaleza de eso que llama, se impone cada vez con mayor urgencia. La Psicología Transpersonal, de hecho, es expresión de esta etapa global por la que atraviesa la historia del mundo humano. Así, un *hombre nuevo* emerge de la oscuridad a la luz y habita *ya* en diferentes lugares del planeta y sus características -según Rogers- son:

- Deseo de autenticidad

  Este hombre nuevo creció en un clima de «hipocresía, de falsedad y de declaraciones de doble sentido, por lo que ya está harta de diálogos y pensamientos ambiguos [...] Esta persona considera la comunicación como un medio de decir las cosas tal como son, transmitiendo el mismo mensaje mediante los sentimientos, las ideas, los gestos, la palabra y la expresión corporal» (29). La meta principal del hombre nuevo es la *autenticidad*, pero consciente de que esta actitud le puede ocasionar enfrentamientos en su relación con los demás. Aún así no le importa, pues asume la responsabilidad de sus pensamientos, palabras y obras; es decir, de su congruencia.

- Las instituciones existen para las personas

El «individuo transformado» piensa que los directivos de las instituciones actuales están enfocadas hacia la consecución de sus propios fines y han olvidado el origen y fin de ellas mismas: la persona humana. Por lo mismo, una de sus más profundas antipatías se centra en las instituciones burocráticas (30). Por eso, una de las tendencias del hombre nuevo es abandonar las instituciones cuando éstas son demasiado rígidas y le impidan expresarse con la riqueza y el valor absolutos del ser que es. Otra tendencia es la de intentar su humanización mediante una acción firme y decidida.

- Indiferencia por los bienes materiales

Aunque está acostumbrado a una sociedad que le satisface sus requerimientos materiales básicos, el hombre nuevo no depende de ellos para su expresión y realización. Más bien, se sirve de éstos para emplearlos en fines personales y sociales constructivos. Por ello es que «el dinero y los símbolos materiales dejan de ser la meta principal de estas personas» (31).

- Un interés no moralista

El hombre nuevo reconoce la validez de las distintas y diversas percepciones de la realidad y, valorando la riqueza absoluta del ser que las sustenta, respeta sus opiniones sin estar necesariamente de acuerdo con ellas. Al mismo tiempo se siente motivado a prestar su ayuda cuando alguien la requiere, pero lo hace reflejando un interés cuidadoso, sutil y no moralista.

- El deseo de intimidad

Su necesidad de un acercamiento más real y profundo con los demás, le llevan a buscar «nuevas formas de convivencia, de acercamiento, de intimidad, de objetivos comunes y de nuevas formas de comunicación de tipo verbal y no-verbal, emocional e intelectual» (32). Al mismo tiempo que establece lazos íntimos con los demás, se prepara para la separación que pueda sobrevenir, sin que esta situación le cause demasiado pesar o dolor. Ha aprendido a no depender de nada ni de nadie para ser; asimismo, ha aprendido a encontrar en su interior el amor y la felicidad que antes mendigaba en el exterior.

- Escepticismo respecto de la ciencia

  Así como desconfía de las instituciones, recela al mismo tiempo de la ciencia al estilo occidental. Y es que ha comprobado que ésta no es la panacea para la felicidad plena y que, más bien, ha traído complicaciones y destrucción. Por lo mismo, voltea los ojos haciaotros modos no convencionales, pero efectivos, de hacer ciencia, como el 1 Ching, el esoterismo o el misticismo. Sin embargo, no se cierra a los aportes constructivos de la tecnología y los emplea cuando éstos benefician al entorno y a las personas.

- El universo interior

  Por estar continuamente explorando su mundo interior, el hombre nuevo es un ser lúcido. Esta exploración interna le permite acceder a nuevos métodos de autoconocimiento como la meditación, los fenómenos psíquicos, los estados alterados de conciencia, los sueños y las posturas religiosas esotéricas y trascendentales. Como consecuencia de esta apertura respetuosa hacia su interioridad «cree que dentro de su ser existen mundos inesperados y capacidades ocultas, de las que la ensoñación, la fantasía y la intuición son sólo puertas que se abren a mucho más. Cree que la conciencia cósmica, la transmisión del pensamiento (telepatía) y las auras kirlianas que emanan de los seres vivos no son delirios de personas sensibles» (33).

- En equilibrio con la naturaleza

  El hombre nuevo se siente y se sabe parte activa e importante del proceso vital universal, por lo que respeta y aprecia la grandiosidad de toda forma de vida. Así, se encara ante la naturaleza con una actitud humilde y respetuosa, buscando su cuidado y engrandecimiento.

- Una persona que progresa

El ser humano renovado se experimenta en constante cambio, por lo que no teme vivir cualquier experiencia que se le presente. Más bien, aprende de cada una de ellas y no tolera la fijeza; así, su actitud «no logra admitir la rigidez de las escuelas, la flagrante mala distribución de la riqueza, la depresión de la vida en los barrios de minorías marginadas, la discriminación racial o sexual injusta y piensa que estas situaciones no tienen por qué seguir existiendo. Quiere modificar este estado de cosas y desea hacerlo ahora, humanizándolo» (34).

- La autoridad interna

Por conocerse, respetarse y aceptarse más profundamente, el hombre nuevo confía en la sabiduría interna que es resultado de sus experiencias; a la vez que «desconfía profundamente de toda autoridad impuesta desde fuera».

Estas son algunas de las características que Carl Rogers, mediante su experiencia, ha observado y, según cree, definen al hombre nuevo que, hoy por hoy, se encuentra en proceso de aparición y consolidación. Si bien su número es reducido por ahora, su influencia es «inmensa, desproporcionada a su número».

Sin embargo, como el hombre nuevo se opone a toda clase de dogmas y ortodoxias, su supervivencia es dudosa. Las instituciones sociales, como las iglesias y las universidades, se oponen y se opondrán a su existencia y permanencia. Carl Rogers menciona tres obstáculos que, de una u otra manera, intentarán eliminar al hombre nuevo: el "Estado ante todo", la "tradición sobre todo" y el "intelecto sobre todo".

No obstante las limitaciones que impongan el Estado, la tradición y el intelecto, existen una serie de actividades terapéuticas y de desarrollo propuestas por las Psicologías Humanista y Transpersonal que ya, desde ahora, facilitan tanto la aparición como el fortalecimiento del «hombre nuevo». Algunos de estos ejercicios ya han sido probados con éxito por seres humanos de diversas y condiciones socioeconómicas, por lo que se proponen como un valioso auxiliar para promover y desarrollar la «ultra-reflexión» o «ultra-conciencia» de la humanidad en ésta su última etapa de aproximación a la *energía divina*.

Como bien dicen Teilhard de Chardin y Carl Rogers, el sentido que marca la evolución va hacia el incremento del nivel de la conciencia humana. De este modo, los objetivos y la vida del «nuevo orientador de procesos humanos», como facilitador de esta meta-concientización o auto-trascendencia -ya no mera autorrealización-, tendrán que estar plenos de humanismo y contagiados por la energía divina. Así, el orientador de procesos humanos debe:

— Saberse instrumento de esta fuerza evolutiva que, en sí misma, es sabia y consciente y que, por esta razón, ella lo anima, dirige y rebasa.

— Ayudar a las personas que recurren a él a tomar conciencia de su verdadera naturaleza que es divina al igual que el universo en el que se encuentra inmerso.

La tarea de este «nuevo orientador» será la de iluminar el camino que ha de seguir su cliente para que éste elimine todo aquello que no es suyo -*su yo*- y, asimismo, se dé cuenta que es manifestación misma de la perfección -perfecta en esencia, presencia y potencia- y que lo único que tiene que hacer es tomar conciencia de esta perfección y recordándola, aprender a vivirla a lo largo de un proceso de culturización y socialización. En este sentido, el trabajo del orientador se dirigirá fundamentalmente a:

— La reestructuración continua y progresiva de la autoimagen ya que, un «sí mismo» distorsionado, limita la infinita capacidad interna de crecer. Un «sí mismo» distorsionado impide que la persona tenga una visión clara y precisa de sus potencialidades; así, vive de acuerdo con lo que ella cree que es: frágil, pobre, sin potencial para cambiar. Sin embargo, dentro de un proceso de concientización, la persona es capaz de crecer, cambiar y desarrollarse en forma personal, pues, dice Rogers: «la buena vida es un *proceso* y no un estado de ser. Es una dirección, no un destino» (35).

— La concientización de su bondad y valía como ser humano sin la necesidad de emplear condiciones de mérito. Este darse cuenta de lo que es permitirá a la persona reconciliarse consigo misma eliminando, desde este modo, culpas pasadas y tristezas arrastradas a lo largo del tiempo. Asimismo, la nueva visión que adquiera la persona de sí misma, le permitirá una apertura a relaciones interpersonales sanas y funcionales.

Al participar en un proceso de orientación, la persona experimenta, al mismo tiempo, tanto la actualización de sus potencialidades como *un despertar espiritual*. En esta expansión de su conciencia o apertura espiritual, el individuo aprende a reconocerse como *eje y flecha* del proceso evolutivo que tiende hacia el Amor, esencia última de la realidad. Asimismo, en la aprehensión vivencial del Amor, la persona rompe con todos aquellos esquemas que lo han encerrado en un caparazón egoísta y, con la alegría que da la experiencia del Amor, se abre a la relación «intersubjetiva» o «común unión» con los demás seres humanos que, como ella, buscan un crecimiento amoroso. Así, ser espiritual es ser pleno y armónico como la naturaleza.

Si bien esta forma de ser y de actuar se manifestaba, preferentemente, en seres atípicos -santos y místicos-, en nuestros días «no se puede descartar así como así, con desprecio o con burla, todos estos hechos. Los testigos son demasiados sinceros y sus experiencias demasiado reales. Indican que parece que existe un universo vasto y misterioso, tal vez una realidad interna, acaso un mundo del espíritu del que, sin saberlo, somos una parte. Tal universo asesta un golpe final a nuestra creencia de que todos sabemos lo que es el mundo real» (36).

Rogers confía en que estamos en el umbral de una nueva etapa de la humanidad y escribe lo siguiente:

«Si aceptamos como esencial a toda la vida humana que vivimos en realidades distintas, si podemos ver en esas realidades divergentes las fuentes más prometedoras de aprendizaje en toda la historia universal, si podemos vivir juntos a fin de aprender los unos de los otros sin miedo, entonces, una nueva era podría estar alboreando. Y acaso los sentidos orgánicos profundos de la humanidad estén abriendo el camino para ese cambio» (37).

En efecto, el mundo está transformándose a una velocidad impresionante. Las mismas «ciencias exactas», con la Física a la vanguardia, se sorprenden de la naturaleza tan esquiva de dichos cambios y sólo aciertan a exclamar, por boca de sus más prestigiosos representantes, que el universo no es lo que se piensa y que más que una gran máquina, éste comienza a asemejarse a un gran pensamiento.

En mi práctica profesional -docente y terapéutica-, he constatado, con alegría y asombro a la vez, que el hombre nuevo del que habla

Rogers, aparece con una frecuencia mayor. Asimismo, que un número mayor de personas acuden a consulta y a actividades de desarrollo personal y transpersonal no porque se sientan «enfermos» o «locos», sino porque las estructuras intelectuales y conductuales impuestas por la sociedad, les quedan «chicas» ya que se encuentran en búsqueda de la trascendencia y estas estructuras los ahogan. Esta imagen permite observar que las instituciones -de todo tipo- son incapaces de darle a la persona de hoy aquello que necesita para alcanzar su plenitud.

En nuestros días, apenas aprendemos a reconocer que las cosas van cambiando, que el hombre mismo va transformándose. Menos aún, a descubrir la fuerza que, en este momento, nos otorga la vida. Sin embargo, la corriente ascendente terminará por des-cubrirse e imponerse en la sociedad humana. Y es que su «cumplimiento y realización», no depende de la limitada, pero orgullosa voluntad del ser humano, sino de «Eso» que «no juega a los dados con el mundo» y que lleva al hombre hacia el centro final de la total realización: el «Punto Omega», la Energía Divina misma.

¿Qué cuánto tiempo más se tomará el proceso evolutivo para culminar la última fase de la humanización o nóosfera? En realidad yo mismo lo desconozco. En ocasiones pienso que algunos siglos más, sobre todo cuando dirijo mi atención al aspecto egóico de la personalidad del ser humano que obstaculiza la fluidez de la maravillosa capacidad eterna de auto-trascendencia: rencor, ira, vanidad, orgullo, lucha por el poder, lucha por el dominio, dependencia en un disfraz para tratar de ser, ignorancia, apegos, etc. En otras ocasiones, pienso que no mucho, que sólo se requiere de unos años más, sobre todo, cuando compruebo en mí, en mis alumnos, clientes y amigos, este despertar humano y espiritual. En este momento, vienen a mi mente dos imágenes al respecto. La primera la expreso con este poema:

De tus manos ¡Oh, creador!
has soltado la vida:
destello incorruptible
de tu ser.
Sin prisa
-pero constante-
rueda libremente
en el espacio
de la humanidad y

del Alfa al Omega
sed de Ti da.

¡Oh, vida hermosa,
blancura sin igual,
enséñame en tu
Palabra la gran
verdad!

Teilhard de Chardin

En esta imagen contemplo a la vida-mundo como un destello que, en sí mismo, lleva la presencia del mismo Creador. En su fluir constante y progresivo, envuelve e involucra al hombre y a toda ser viviente. Es tan fuerte su presencia que el hombre, anhelando conocer el origen del destello, pide a la misma vida que le enseñe la verdad. Así, tengo la convicción de que estos cambios que estamos viviendo en el planeta se deben a la irradiación que la Energía Divina ha depositado en él. Asimismo, no se detendrá hasta llegar al «Punto Omega». El hombre continuará anhelando ser cada día más hasta el encuentro final.

En la segunda imagen veo al hombre como un recipiente disponible que puede llenarse de tristeza, lamentos y rencor -lo que siempre ha creído ser- o de amor infinito y eterno -lo que en realidad es-. Así, sólo en el *despertar*, se dará cuenta de quién es realmente.

Pozo sin agua soy.
Seco hasta los huesos.
Sin aire y sin luz,
respiro pura muerte.
Pero, al despertar,
recibo tus palabras
¡Oh creador!
y mis sentidos, quedan
encantados por su
paz y su verdad.

San Juan de la Cruz

De este modo, la labor como facilitadores de procesos de desarrollo tiene que ver con el *despertar* al ser humano de ese letargo que, por diferentes razones, le ha impedido ver y admirar todo lo que realmente es. Tarea indiscutiblemente hermosa y comprometedora, pues, de una u otra manera, el facilitador es co-creador del Cuerpo Místico de Cristo, que es el Universo mismo.

b. Hacia un concepto integral del ser humano

El problema del orden y del caos es un tema que se ha tratado a lo largo de la historia traspasando las múltiples dimensiones de la experiencia humana. Por un lado, la atención de los físicos se ha fijado principalmente en la «entropía», la tendencia al deterioro, al desorden y cada vez han comprendido mejor el complejo proceso de la muerte del organismo físico. Por otro, existe un reconocimiento, o énfasis, respecto a otra tendencia: la «formativa». Una y otra están presentes en los organismos vivos del universo y sus procesos son observables.

Sin embargo, por el horror al caos, se han intensificado los estudios respecto a éste. Es un tema subyacente a la literatura universal, a la mitología, la teología, a la psicología, a la física y en general a todas las empresas humanas: es el gran «coco», y lo fundamental, en todo caso, es alejarse a cualquier precio y por cualquier medio de él porque ahí no hay salvación. Tal vez el horror al caos proviene de un conocimiento arquetípico ancestral del destino inevitable de todo lo viviente y lo orgánico: su retorno al desconocido mundo de lo inexistente. Tal vez se deba a una ignorancia adquirida que hace olvidar que la naturaleza se las ha arreglado muy bien sin el concurso del hombre y que, por esta razón, hace desconfiar de la sabiduría innata propia de todo lo viviente, el orden natural.

Sin ignorar la presencia de la tendencia al deterioro, los psicólogos y pensadores humanistas han hecho hincapié en la tendencia «actualizadora o formativa», pues, presente, de manera natural, en todo organismo vivo, tiende hacia el mantenimiento, mejora y reproducción de éste. Así, la «tendencia formativa» es lo que hace que un organismo «funcione» constructivamente. Asimismo, fundamentan sus estudios en la idea de que el ser humano posee una tendencia innata para el desarrollo de sus potencialidades, que, en su actualización, permite a la persona descubrir el significado de su existencia y alcanzar grandes alturas en su proceso personal y transpersonal.

Sin embargo, a pesar del maravilloso potencial que posee el ser humano, fluyen en su interior grandes contradicciones que reducen, de una u otra manera su capacidad hacia la plenitud. Por un lado, desea encontrar su esencia, su verdad, y su felicidad; por el otro, inventa mil y un caminos para «ignorar» la voz interior que le exige desarrollarse; quiere ser un hombre nuevo y sin embargo, no abandona sus viejas actitudes; quiere amar e inventa la guerra, la miseria y la discriminación; quiere entablar comunicación con los otros y pone un muro; quiere crecer y se encierra en sí mismo; quiere ser profundo y se instala en la vida «ligth». ¿Por qué el hombre adopta posturas contrarias a sus tendencias naturales? O, dicho de otro modo, ¿cómo es que se impide y dificulta el ser feliz?

Desde una visión poco optimista se podría decir que, debido a que el ser humano se desenvuelve en un ambiente desfavorable, éste tiende a degradarse, a extraviarse, a tener, en pocas palabras, una vida apenas humana. Freud mismo afirmaba que el hombre tiende hacia la destrucción con un impulso aún más fuerte que el del principio del placer; así, concluye: «la meta de toda vida es la muerte». Martín Villanueva (38), al igual que Erich Fromm, critica esta conclusión freudiana apoyándose en pruebas provenientes de la neurofisiología, la paleontología, el estudio del comportamiento animal y la antropología. A partir de estas pruebas, afirma que el fin último del hombre es trascender su «ego» e ir más allá del principio de la destrucción planteado por Sigmund Freud para, finalmente, fundirse con el Todo.

Asimismo, afirma que la tendencia innata del ser humano es desarrollar las potencialidades inherentes a su ser y alcanzar la autorrealización. Sin embargo, este proceso -dice Villanueva- no es fácil de lograr ya que existe una serie de obstáculos que lo impiden. En este punto, coincide con los planteamientos de Víctor Frankl y de Rollo May quienes consideran que el proceso de auto-actualización se ve dificultado por las condiciones existenciales de la condición humana. Los obstáculos o factores que frenan el proceso de autorrealización del ser humano se dividen en dos clases:

- Factores Condicionantes

  Son las limitantes que el individuo no puede controlar ya que su origen es de diversa índole, como por ejemplo, las determinantes genéticas que tienen influencia en las características físico-biológicas como son el color de la piel, la estatura, color y forma del cabello y de los ojos, etc. Entre estos factores también se consideran las enfermedades congénitas o adquiridas.

  A los *factores condicionantes biológicos* se suman los *factores condicionantes inhibidores*, que son las circunstancias históricas que influyen en el individuo sin que éste pueda ejercer un control sobre ellas y que lo obligan a tomar determinadas decisiones.

  Dentro de este punto deben ser considerados también los *factores predisponentes* que corresponden a las situaciones vitales particulares que la persona experimentó en la infancia y pueden constituirse como frustraciones patógenas o eugenésicas. Estas experiencias agudas se convierten en creencias que fomentarán conductas condicionadas para el futuro.

  Existen también los *factores precipitantes* que se refieren a los sucesos críticos y traumantes de la vida que disparan una conducta determinada.

- Factores Decisivos

Éstos son los factores que la persona puede controlar, modificar y trascender, dependiendo de la forma como éstas intervengan y que corresponden a los distintos niveles que conforman el ser del hombre.

Los *factores decisivos dinámicos* están compuestos por los significados que la persona le atribuye a sus sentimientos e impulsos instintivos; es decir, la manera como el individuo califica y realiza sus propios impulsos. Así, puede creer que sus impulsos son errores, fallas o limitaciones de la naturaleza humana y según su percepción se deben proyectar, reprimir o negar. Estos factores influyen, como su nombre lo indica, decisivamente en la formación de las percepciones de sí mismo y de la vida, y se convierten en interpretaciones de los hechos pasados, presentes y futuros; es decir, se transforman en actitudes.

Los *factores dinámicos* que impiden la autorrealización del ser humano han sido tema de estudio de las corrientes psicológicas contemporáneas, desde la psicoanalítica y conductista, hasta la humanista y cognoscitivista.

El *primer factor dinámico* es el miedo a reconocer y aceptar los impulsos y emociones que se han definido como malos o inaceptables y el miedo de experimentarlos. El camino para resolver esta situación está en un aprendizaje continuo y progresivo que permita a la persona aceptar los sentimientos, impulsos y emociones tal como los siente y expresarlos naturalmente en el momento adecuado y con la persona indicada.

Si el niño aprendió que mostrar su rabia y descontento producía en los demás rechazo y desamor hacia él, formará una «fobia condicionada selectiva» a este tipo de situaciones. Cuando sea adulto será incapaz de darse cuenta de sus impulsos agresivos sin poderlos expresar en el momento y forma adecuadas. Asimismo, correrá el riesgo de acumularlos por mucho tiempo y sacarlos con violencia y, probablemente, contra la persona no indicada y por un motivo sin importancia. Esta situación la hará sentir culpable por no ser como «debería ser». Tratará de ejercer un mayor control sobre sí mismo pero, seguramente, habrá una próxima explosión. Esta conducta viciada también la daña físicamente pues se manifiesta a través de estados depresivos, úlceras, dolores de cabeza, colitis, etc.

El *segundo factor dinámico* es el sentimiento de culpa por no ser lo que «debería ser», de acuerdo a la imagen idealizada que la persona se ha formado de sí misma, como por ejemplo: ser perfecto, bondadoso, puro, inteligente, etc. Al no cumplirse estas expectativas idealizadas, la persona se verá en la necesidad de hacer de su vida una continua actuación teatral y, como consecuencia, se llenará de dolor y frustración cada vez que aparezca la parte de sí que ha repudiado.

Si el individuo se perdona sinceramente y acepta ser una persona como todas las demás, con sus carencias, miedos y errores y no se impone cargas que vayan más allá de sus posibilidades -que pueden llevarlo al fracaso y la angustia- podrá continuar con su proceso de desarrollo.

El *tercer factor dinámico* está formado por todas las pre-concepciones *rígidas* que la persona tiene sobre el ser humano, los demás y su propia vida. Estas pre-concepciones son las etiquetas que los demás le han transmitido pero que la persona las ha hecho suyas y mediante ellas juzga a quienes le rodean, a la vida en general y a sí misma. El poder de las etiquetas es muy grande ya que conforman la autoimagen, antropovisión y cosmovisión de una persona. Así, si alguien se concibe a sí mismo como un «tonto», actuará de tal modo que conseguirá que los demás lo rechacen y ya con esta «etiqueta», difícilmente los demás podrán verlo de otro modo; es decir, esta situación «lo seguirá tratando mal» haciendo realidad lo que él mismo esperaba. Para terminar con esta situación, la persona tendrá que abandonar todo tipo de pre-juicios; ver a la vida y a los demás tal como son y no como ella lo imagina y aprender a relacionarse con los otros de manera abierta y cálida.

El *cuarto factor dinámico* es no aceptar el pasado tal como se dio; asimismo, sentirse imposibilitado de cambiarlo en el presente. Muchas veces el pasado ha sido tan doloroso que la persona no lo acepta ni tiene el coraje de renunciar a lo que tanto necesitó y no obtuvo. De este modo, por un lado, se dedica a buscar afanosamente en el presente aquello que no obtuvo en el pasado hiriéndose y decepcionándose cada vez más; por el otro, no acepta los valores, intereses y aptitudes positivos que tiene en la realidad presente.

Es verdad que el pasado no puede cambiarse, pero cuando el hombre lo acepta plenamente tal y como fue, éste se modifica en forma radical. Esto es posible debido a que el pasado es sólo una imagen mental cargada de significados positivos o negativos que el individuo mantiene en el presente. Por lo tanto, si la persona modifica el significado que le atribuye a esa imagen puede, a su vez, transformar su pasado convirtiendo así un suceso traumático en una experiencia valiosa. Pero para que esta situación se lleve a cabo, es necesario aceptar y revivir ese pasado tal y como se vivió.

El *quinto factor dinámico* tiene que ver con los reforzamientos y ganancias secundarias que la persona recibe por sus conductas y actitudes disfuncionales. Las ganancias secundarias son cuatro:

Reforzadores positivos sociales. Son aquéllos obtenidos por cumplir con el patrón de conducta esperado. Son los halagos que recibe la persona por la perseverancia compulsiva en un trabajo o por lo llamativo de sus conductas histriónicas o exhibicionistas.

Las *pseudo-gratificaciones.* Son aquéllas que satisfacen las necesidades neuróticas de un individuo como por ejemplo, creer que es amado o necesitado por personas que en realidad aprovechan su dependencia, o creer que no necesita de los demás y que lo que piensan o sienten hacia él no lo afecta emocionalmente.

Reforzadores negativos. Corresponden a las situaciones temidas por la persona, pero que nunca se presentan. Estos reforzadores permiten mantener una determinada conducta como por ejemplo, la protección de las heridas internas.

Mi realidad personal. Esta última ganancia secundaria consiste en la creencia de que la «realidad personal» es la única correcta frente a la realidad de los demás. Esto le da a la persona una pseudo-seguridad interior al creer que la vida es como ella piensa; así, no se verá en la necesidad de enfrentarla ni soportar la duda de lo que vendrá si se arriesga a vivir de manera diferente a sus esquemas interiores de conducta.

Los *factores decisivos existenciales* están compuestos por los atributos ontológicos que componen el ser del hombre. Como ya se analizó, los filósofos existencialistas se refieren a estos atributos con el nombre de «condición humana». Los atributos ontológicos más importantes son: libertad-responsabilidad, soledad y relación consigo mismo y lo otro, finitud-trascendencia. Estos factores existenciales son decisivos porque condicionan la posibilidad de la persona de acceder a un nivel más profundo del ser: el nivel espiritual.

Las propiedades existenciales que componen la «condición existencial humana» son: libertad-responsabilidad, soledad-relación con el otro y finitud-trascendencia. El experimentarlas, primero, y aceptarlas, después, son fuente de angustia en la persona. De aquí que ésta prefiera, en muchas ocasiones, eliminarlas de su campo de conciencia, aunque al hacerlo elimine también la posibilidad de su autorrealización.

Libertad-responsabilidad. La libertad genera angustia porque la persona se ve en la necesidad de optar por caminos personales diferentes a los aprendidos y reforzados por su núcleo familiar y social.

Según Sören Kierkegaard, para adquirir una existencia auténtica se requiere de un proceso de crecimiento que se lleva a cabo en tres estadios. El primero de ellos es el estadio «estético»; en él, las personas rigen su conducta a partir de sus impulsos instintivos. El segundo estadio, el «ético», es forjado por la sociedad para controlar las consecuencias del primero y hace todo lo posible para que las personas rijan su vida a partir de los postulados emanados de las instituciones sociales. El tercer estadio de desarrollo es el «religioso»; este estadio implica la *opción* por la conducta auténtica a partir del conocimiento del sí mismo, y que puede llevar, a su vez, al contacto íntimo con la Divinidad o Sí-Mismo. Sin embargo, optar por una existencia auténtica y vivir la libertad, genera angustia, pues, esta opción implica romper con las normas éticas, sociales, religiosas y políticas que condicionan a la persona. Es muy fácil culpar al destino, a la situación por la que atraviesa el mundo, a la misma situación familiar, pero a pesar de todos estos factores condicionantes, la persona debe aprender a optar, elegir y, a la vez, hacerse responsable de sus decisiones.

Soledad-relación con el otro. El ser humano nace solo, enfrenta la vida desde su perspectiva personal y muere solo. Sin embargo, la soledad abre la posibilidad del encuentro con uno mismo y es fuente de un conocimiento más profundo de la interioridad. Asimismo, es el momento en que la persona se recoge para oír mejor la voz de los otros hombres. Así, si la persona desea avanzar en su proceso hacia la autorrealización, debe aprender a aceptar su unicidad e individualidad; igualmente, debe aprender a ser libre y dejar de lado todo intento de fusionarse dependientemente con otras personas, objetos o ideas. Sólo de esta manera podrá relacionarse con otras personas de manera sana y funcional.

Por su mismo carácter individualizante, la existencia establece una conexión vital entre los otros y el individuo; porque la individualidad está delimitada y constituida por un complejo de determinaciones que van más allá de él e incluyen necesariamente a los demás hombres; así, «mi existencia, por el hecho de ser mía, es existencia *con* otros».

En el transcurso de la existencia, la persona tiene la posibilidad de encontrarse con otros seres humanos y recorrer juntos un trecho del camino. Los otros pueden presentársele como un complejo de relaciones limitantes, y puede ser, por el contrario, una solidaria comunidad de intereses y de fines en que encuentre su auténtica realización. Que sea una u otra cosa depende de ella, de *su* decisión.

Finitud-Trascendencia. La muerte y el tiempo determinan, de modo esencial, la naturaleza del hombre. Debe el hombre aceptar y afrontar al tiempo y la muerte y realizarlas hasta el fin en su fundamento último y trascendental. Así, la muerte, más que ser vista como una enemiga que arrebata nuestra vida y la de los seres queridos, debe verse como una prueba de que hoy sí estamos vivos y que hoy se puede optar por una actitud auténtica con la que se desea vivir. Y lo mejor, es que en esta *nueva vida* por la que se ha optado, se pueden desarrollar, gozosamente, el potencial interno y trascender. El hombre debe encontrar en sí mismo, en la naturaleza misma de su existencia, el motivo y la fuerza de su realización.

Los *factores decisivos espirituales* responden al impulso de la persona de cubrir las necesidades trascendentales de su ser, son aquéllos que Maslow denominó «meta-necesidades» y que tienen que ver con la búsqueda de un significado trascendente del universo que explique el aparente caos y mal que reinan sobre el mundo. Estos factores permiten a la persona pasar del absurdo al sentido, del caos al orden y de la nada al Todo; esto es, a Dios. La satisfacción de estas «meta-necesidades» llevan a la persona a una vivencia plena y trascendente de la vida debido a la experiencia íntima y gozosa de la relación con el Sí-Mismo que mora en su interior.

Al igual que los *factores existenciales*, los *factores espirituales* que obstaculizan la autorrealización son inherentes a todos los seres humanos y están compuestos por las grandes inquietudes de naturaleza espiritual y las necesidades que de ella brotan: ¿Quién soy? ¿Para qué estoy aquí? ¿Cuál es el sentido de la existencia? ¿Qué ocurre después de la muerte? Los obstáculos espirituales que pueden impedir la autorrealización del individuo son:

La *desorientación* en la que caen muchas personas que buscan fuera de sí el camino espiritual y que las lleva a seguir a personas o grupos que pueden confundirlas con promesas y técnicas que, supuestamente, les darán una iluminación instantánea.

El segundo obstáculo espiritual es el *fanatismo*. El fanático se ha impuesto a sí mismo una religión o una serie de creencias como un intento de satisfacer necesidades neuróticas de significado y trascendencia. El fanático deposita en el exterior todo su valor como persona y su sentido de vida, enajenando su capacidad reflexiva y, por lo mismo, la libertad de construir su vida de acuerdo a sus principios y necesidades.

Cuando el ser humano no satisface las *necesidades espirituales auténticas* -bondad, belleza, justicia- aparece la desesperanza renunciando, así, a la búsqueda del significado trascendente de la vida. El hombre necesita experimentar la belleza, pues, si no es posible, creará fealdad; el ser humano requiere de la verdad para orientar su existencia, si no la experimenta, se perderá en la mentira; las personas reclaman un orden social fundamentado en la justicia, si no consiguen vivirla, impondrán el poder y la injusticia.

La imposibilidad de satisfacer las meta-necesidades mediante los meta-valores desencadenan egoísmo, odio, caos y confusión.

El cuarto factor de naturaleza espiritual es el *escepticismo* que consiste en negar, consciente o inconscientemente, la realidad espiritual apoyándose, muchas veces, en dogmas racionales o científicos; también por temor, ignorancia, comodidad, pragmatismo o materialismo. Sin embargo, los sistemas religiosos institucionalizados o los bienes materiales acumulados, no garantizan la satisfacción de la búsqueda de un sentido trascendente ni de un encuentro íntimo y personal con la Divinidad.

El elemento común dentro de los *Factores Decisivos* es el *factor decisivo volitivo* y tiene que ver con la manera como la persona acepta o rechaza todos los demás factores decisivos. Esto significa que la trascendencia es responsabilidad exclusiva del individuo y que se alcanza en un acto libre y voluntario. La voluntad puede modificar los factores decisivos, pero el individuo debe trabajar arduamente a lo largo de su existencia para lograrlo.

El principal impedimento para el desarrollo integral del ser humano es la *incapacidad de aceptar su más íntima naturaleza*. Ignorar y negar lo que se es -un ser divino- es un acto contra sí mismo que produce «culpa esencial». Si el núcleo esencial del hombre y de todo cuanto existe es de naturaleza espiritual, las necesidades fundamentales serán de esta naturaleza. Así, la satisfacción de estas necesidades espirituales permitirá la suprema autorrealización, la de «Dios en nosotros».

Sin embargo, el hombre es libre hasta de oponerse a su total autorrealización. Aunque para impedir esta tendencia a la perfección, tendrá que ejercer una fuerza igual y en sentido opuesto a su impulso vital. El resultado será un sin sentido y un sentimiento de frustración existencial y espiritual. ¿Pero, para qué hacer este esfuerzo en contra de la autorrealización? Porque el encuentro con la dimensión esencial implica conocerse a «sí mismo», caminar hacia lo desconocido, dejar la seguridad y la comodidad y aceptar cambios. Tal vez lo más difícil de aceptar en este caminar hacia la autorrealización, es que en él, la persona se da cuenta de que en este proceso del ser implica el no-ser. Pero es necesario que la persona comprenda que así es, que así debe ser.

El ser humano debe aprender a dejarse conducir confiadamente por la existencia, pues detrás de ella, se encuentra la Voluntad Divina. Así, en el momento en que renuncia a su voluntad individual, la Voluntad Divina entra en juego y lo guía con amor y decisión a su total realización: la fusión con el Ser.

II

Estudio de la conciencia

El tema de la *conciencia* constituye -a mí juicio- el núcleo central de la Psicología Transpersonal. Como ya lo estudiamos anteriormente, tanto el Enfoque Humanista Existencial como el Enfoque Transpersonal proponen que el ser humano se encuentra en un proceso de desarrollo dinámico cuyo medio es la expansión de la conciencia del individuo. Pero ¿a qué se llama conciencia? ¿En qué consiste esta capacidad exclusiva de los seres humanos que les permite «darse cuenta» del mundo y de ellos mismos y que puede ampliarse para alcanzar diferentes estados y niveles? Las respuestas a estas interrogantes ha sido uno de los grandes temas de la reflexión filosófica de la humanidad.

De este modo, si se formula la pregunta sobre la conciencia a partir de la Metafísica -rama de la Filosofía Occidental que investiga las últimas causas del Ser- se encontrará que ésta, define a la conciencia como el *aspecto determinante del ser humano*. Esta idea abre el camino para preguntar acerca de la esencia del hombre, de las últimas causas de su ser.

En su libro *Colisión de Paradigmas* (39) Ana María González explica que la conciencia humana ha sido definida desde muy diferentes puntos de vista. En diversos estudios ha pasado de ser una facultad de la mente: «pienso, luego existo» -escuela cartesiana-, a ser una propiedad o atributo abstracto del cerebro -concepción materialista de la ciencia.

Estas dos concepciones de la conciencia, como sustantivo o como adjetivo, han dividido a los filósofos en dos posiciones insalvables una de la otra: la espiritualista y la materialista. En el fondo de esta controversia se suscita un problema filosófico fundamental: la cuestión de si la conciencia tiene existencia por sí misma o si es una propiedad -un epifenómeno- del cerebro humano. Este problema que, por lo general pertenece a la Filosofía, se ha trasladado al campo de la Psicología, la cual ha tratado de determinar los vínculos que existen entre cerebro y cuerpo, conciencia y mente y sujeto y objeto de conocimiento.

Asimismo, Ana María González apunta que la definición de conciencia que da la Metafísica es la de ser «un atributo del espíritu humano que permite al individuo reconocerse como tal, con sus características, propiedades, experiencias y cambios [...] En sentido metafísico se habla de la conciencia refiriéndose al *yo*, al ser, a la verdadera realidad que antecede a toda esfera psicológica y epistemológica. Este centro de conciencia, al cual se refiere la Psicología Transpersonal, se encamina o tiende hacia algo que es consciente, aprehendiéndolo y haciéndolo suyo» (40).

La pregunta por la conciencia, desde el ámbito de la Metafísica, lleva, a su vez, a la interrogación sobre el ser del hombre; esto es, al terreno de la Antropología Filosófica, la cual ofrece las condiciones de posibilidad de la existencia del «fenómeno humano», una de cuyas condiciones de posibilidad es precisamente la autoconciencia o conciencia personal.

En su libro *Antropología Filosófica* (41), Emerich Coreth -metafísico jesuita y representante destacado del Realismo Trascendental- plantea reflexiones importantes que nos ayudarán a comprender la realidad de la conciencia humana.

Para iniciar el estudio del fenómeno de la conciencia, Coreth analiza el proceso de pensamiento de una persona que, a lo largo del día tiene la experiencia de un "yo" que piensa, siente, quiere, desea; que tiene objetivos, planes, tristezas y alegrías.

Pero a pesar de que todas estas vivencias y experiencias son fluyentes, múltiples, variadas y hasta contradictorias, la persona «experimenta el yo como ese algo determinado y concreto, como ese ser personal, radicalmente único y singular que se destaca de cuanto «no soy yo»; de todas las cosas de mi entorno, incluso, de todos los hombres. [...] Por muy familiar que me puedan resultar, por estrecha que sea mi pertenencia a la humanidad y mi participación en el destino, yo sigo siendo ese yo peculiar y único frente a todo lo que es «no yo».

En la universalidad del mundo y de la historia no hay más que un punto que me pertenece a mí personalmente, que soy yo mismo; un punto en el que puedo elevar mis ojos y decir: «yo, esto soy yo». Es un punto en donde se me abre un espacio luminoso: *mi conciencia*, que me ilumina a mí mismo; mi conocimiento en el que lo otro, el mundo, se adentra por la luz de mi conciencia, y en esa luz se hace mi mundo. [...] Al mismo tiempo es un punto en el que se me abre un espacio libre en el que dispongo de mí mismo» (42).

De este modo, la conciencia implica el fenómeno de la autoexperiencia; es decir: el *darme cuenta* de que soy un «yo» que experimento como una totalidad a pesar de la fluyente y permanente diversidad de mis pensamientos, emociones, sentimientos, movimientos, aciones y cambios en el tiempo y en el espacio.

Coreth afirma que la conciencia no es meramente objeto ni contenido, ya que ésta, a través del acto de conciencia «se co-experimenta y con-sabe en cada acto, en cuanto a que yo lo experimento y realizo como un acto mío. Constituye, por lo mismo, una certeza originaria e inmediata que incluso se mantiene -como ya lo reconocieron Descartes y Agustín- en la duda más universal porque es el yo en duda. La conciencia me permite saber que *yo soy* el que duda» (43).

Los antecedentes filosóficos de la postura de Coreth los encontramos en Fitche quien, en el siglo XIX, afirmó que el fundamento unitario y originario de la autoconciencia es el «Yo Absoluto», que es percibido de forma inmediata por la «contemplación intelectual». Por el contrario, para Emmanuel Kant, el «yo» tiene una función definitoria formal sobre el objeto de la conciencia o idea, ya que se trata de un principio apriorístico anterior a todos los actos de conciencia y que permite su aparición. En Fitche y en el Realismo Trascendental de Coreth, la conciencia «es la realización que se impone y se completa a sí misma».

Al igual que en la Fenomenología -antecedente filosófico de los enfoques Humanista-Existencial y Transpersonal- el Realismo Trascendental y la Hermenéutica afirman que todo acto de conciencia es *conciencia de* un objeto. Mediante ésta vemos y aprehendemos -hacemos nuestra- cosas y realidades objetivas que nos «salen al encuentro». Agrega Coreth: "Sólo conozco algo, cuando soy yo quien lo conoce; es decir, cuando en la propia realización y a través del acto de mi conocimiento establezco una mediación frente al objeto" (44).

A este acto de conciencia de un objeto le sigue un segundo acto: la conciencia pre-reflexiva, que consiste en la aplicación automática de un juicio -prejuicio-, deseo o acción. Continúa Coreth «Siempre que veo algo, sé que soy yo el que lo ve. Cada vez que pregunto, sé que soy yo quien pregunta. Y siempre que sé algo soy consciente de ser yo quien sabe […] Este saber viene dado de modo inmediato y puede sistematizarse por medio de una reflexión sobre el acto o 'Conciencia reflexiva'» (45).

A pesar de que se experimenta en la conciencia una pluralidad de objetos y una diversidad de actos siempre fluyentes, en su pluralidad viene dada una *conciencia de unidad*. «Se trata, escribe Coreth, de una pluralidad unificada por cuanto que cada acto aparece como un elemento en el fluir unitario de mi conciencia y lo experimento como un «acto mío» de visión o audición, de juicio, deseo y volición […] Esto demuestra que en el fondo de la unidad de la conciencia, y como condición de su posibilidad, late un principio unitario; es decir, un elemento que constituye la unidad, penetra en la multiplicidad y la reduce a la unidad» (46).

El yo es perceptible en sí mismo para los demás y para sí mismo de modo directo e inmediato. Y únicamente se puede experimentar como un centro de operaciones no objetivo, «como el fundamento originario y unificante de todo el acontecer consciente» (47).

Además de la unidad, la nota característica de la conciencia es la intencionalidad. De aquí que Husserl, Heidegger y Coreth confirmen el hecho de que la conciencia siempre es *conciencia de algo*. Este hecho rechaza la concepción cartesiana de la conciencia como «cosa»; así como las concepciones empirista, kantiana y materialista de la conciencia como función o conjunto de funciones, como un «centro de la actividad humana o el conjunto de actos encaminados hacia aquello de lo cual se es consciente» (48).

En el esquema siguiente podemos observar cómo, al ser percibida la realidad por el observador, el noúmeno o en sí inicia un proceso de transformación. Primero, los sentidos filtran parte del "en sí"; en segundo lugar las características cerebrales agregan las limitaciones espacio temporales. Posteriormente, entran en juego las condicionantes socio-culturales del individuo.

El resultado de este proceso es el fenómeno o "para mi". Sin embargo, el fenómeno puede ser todavía observado / modificado desde diferentes ópticas, de acuerdo al estado o nivel de conciencia desde donde el "Testigo" experimente dicha realidad.

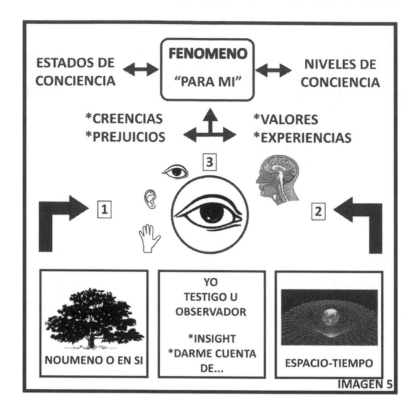

IMAGEN 5

1. El estado de conciencia ordinario

Robert Ornstein en su libro *Psicología de la Conciencia* inicia el estudio de la conciencia personal ordinaria a partir de la siguiente reflexión: «Nuestra conciencia personal, no puede representar la totalidad del mundo externo ni de nuestro mundo interno, sino que debe limitarse a una fracción muy pequeña de la «realidad» entera. Ni siquiera poseemos los aparatos sensoriales para percibir muchas de las formas de energía que nos rodean» (49). La conciencia personal es limitada, puesto que «es una construcción necesaria que creamos para sobrevivir en el mundo, entonces podemos entender que esta conciencia es solamente una conciencia posible. Y si esta conciencia es una construcción personal, se sigue entonces que cada persona puede cambiar su conciencia cambiando la manera en que la construye» (50).

Esta conclusión de Robert Ornstein no se opone a la afirmación del «yo» como realidad absoluta y objetiva, sino que es más bien este «yo consciente» el que estructura una realidad a partir de un acto consciente de sí mismo.

Ornstein retoma, por un lado, los principios de las teorías del conocimiento sufí y, por el otro, la kantiana. En estas concepciones, la persona construye, a partir de su ser consciente una realidad. Por tanto, ésta es un objeto subjetivo del sujeto consciente. Esta estructuración de una realidad es una necesidad impuesta a la persona por un intento de sobrevivir en un mundo que en el fondo es un conjunto de estímulos sensoriales.

La visión del mundo que posee cada uno de los seres humanos es una construcción propia en cuanto que sobre la base biológica se imponen condicionantes neurofisiológicas y culturales. Estas condicionantes se establecen mediante la actuación de una serie de «filtros perceptuales» que, esquemáticamente, podrían definirse como: el filtro de los sentidos, el filtro del encéfalo y el filtro de la cultura, entendida ésta como la carga de valores, creencias, normas y experiencias que nos ubican axiológicamente frente a la naturaleza y la sociedad. Al resultado de estos filtros Kant le llamó «fenómeno» o "el para-mí". Para Husserl el fenómeno es todo aquello que aparece a la conciencia.

La conciencia ordinaria, como lo han demostrado la Psicología y la fisiología de la percepción, es de naturaleza interactiva y constructiva. El proceso de construcción de los fenómenos que constituyen la conciencia ordinaria es el siguiente: recibimos un torrente de información externa ante el cual «nos esforzamos» por darle un sentido desarrollando sistemas estereotipados o categorías de clasificación. Así «esperamos que los carros hagan cierto ruido, que los semáforos sean de ciertos colores, que la comida huela en cierta forma y que las gentes digan ciertas cosas. Pero lo que en realidad vivenciamos, de acuerdo con Bruner y los demás investigadores, afirma Ornstein, es la categoría evocada por un estímulo en particular, y no su ocurrencia en el mundo externo» (51).

En esta línea de investigación el autor se refiere a los psicólogos transaccionistas, quienes caracterizan la naturaleza de la conciencia como una «transacción entre el que percibe y el medio ambiente». Por tanto, cada persona crea su propio mundo mediante sus «construcciones personales». Estos psicoterapeutas, como George Kelly, piensan que algunas situaciones problemáticas en la conducta de las personas se deben en gran medida a la pobreza de sus construcciones mentales o «constructos transaccionistas».

La persona estructura su concepción de la realidad partiendo de su propio sistema de categorías. Asimismo, existen mecanismos fisiológicos que permiten llevar a cabo la «sintonización» con determinadas regiones del ser. Según Ornstein, estos mecanismos se alojan en el encéfalo, como lo han demostrado las investigaciones de los patrones de actividad eléctrica en la corteza del cerebro, al mismo tiempo que se estimulaba la retina. En estos experimentos se encontró que el sistema de salida motora del encéfalo -eferencia-, tiene efectos en la entrada -aferencia-; o sea que el encéfalo selecciona su información.

Algunos investigadores -comenta Ornstein- han sostenido que la conciencia depende exclusivamente del producto del encéfalo, sin importar que la aferencia sea la que dé salida a un producto dado. De ahí que muchas veces veamos lo que esperamos ver, oímos lo que nos interesa oír y vivenciamos aquello a lo que estamos predispuestos a experimentar.

Si bien, las investigaciones empíricas de la percepción aclaran los mecanismos de funcionamiento del organismo humano ante determinados estímulos sensitivos, también es cierto que por esta vía no se puede llegar a una «ontología de la conciencia»; es decir, al estudio de la conciencia en sí. En este punto es fundamental no confundir la psicología de la percepción con el análisis metafísico de la conciencia.

Por encima de las conclusiones del psicologismo y el fisiologismo, se puede hallar otra explicación de la naturaleza de la conciencia como un «principio de naturaleza espiritual que permite la individualización en el ser humano y que es, por propia naturaleza, no cuantificable ni medible» (52).

La conciencia personal, como elemento constitutivo de nuestro mundo, representa la totalidad de la «realidad objetiva», como resultado de esta idea, se crea lo que se llama «experiencia», confundiéndose así experiencia con realidad.

En la construcción de la experiencia personal intervienen una multitud de factores, tales como: la filtración de estímulos sensoriales llevada a cabo por los sentidos, la selectividad personal y cultural de dichos estímulos, la automatización de las respuestas que damos a los estímulos medio-ambientales y la conversión de las respuestas automatizadas en categorías estereotipadas de clasificación. Estos factores contribuyen a matizar y a alterar la manera en que vemos el mundo, constituyéndose en auténticos «filtros» que limitan la cantidad de estímulos que llegan a la conciencia e impidiéndonos «ver» más allá de una limitada porción de la realidad. A continuación estudiaremos a detalle cada uno de los factores que intervienen en la construcción de la conciencia ordinaria humana.

a. Los sentidos como sistemas reductores de datos

El ser humano no puede darse cuenta de la totalidad de la realidad que está a su alrededor porque el encéfalo y el sistema nervioso impiden la «entrada» de una gran cantidad de estímulos sensoriales. Esta limitación tiene como objetivo la protección de la psique ya que, si el ser humano percibiera y recordara todo, se produciría una abrumadora confusión en su interior y en su conducta.

Emmanuel Kant fue uno de los primeros en descubrir este importante procedimiento del sistema nervioso cuando, al intentar la síntesis de las teorías racionalista y empirista, afirmó que no hay nada en la mente humana que antes no hubiera pasado por los sentidos. Este hecho limita tanto la percepción como la estructuración de la realidad. En otras palabras, si el ser humano tuviera más sentidos o los rangos de captación de los sentidos actuales fuera mayor, su percepción de la realidad sería totalmente diferente.

Este descubrimiento llevó a Kant a afirmar que los seres humanos conocen únicamente «apariencias de la realidad» o «fenómenos», y que el «en-sí» de las cosas o «noúmeno» siempre será desconocido. Estas investigaciones de Kant pusieron en entredicho las tesis del Realismo Filosófico, cuya teoría se basa en la aseveración de que el hombre «conoce las cosas en sí».

b. Selectividad

En la construcción de la conciencia ordinaria se puede observar, además de la natural filtración de estímulos que realizan los sentidos, un proceso de selección y ordenamiento de dichos estímulos cuya finalidad es el desarrollo de las actividades humanas a partir de una cierta estabilidad compartida de percepción o «cultura».

Para poder expresar y compartir las experiencias personales o «conciencias reducidas» -que son el resultado de los estímulos filtrados por los sentidos y el encéfalo, más los factores medioambientales y culturales- el ser humano ha desarrollado *símbolos*: representaciones abstractas de constructos mentales compartidos, que forman, a su vez, lenguajes.

Los lenguajes son conjuntos de representaciones simbólicas de la realidad que se comparten y heredan porque el consenso social los considera aptos para transmitir la representación simbólica compartida. Los lenguajes implican también valoraciones axiológicas de la realidad que tienen como fin la supervivencia de un grupo humano determinado a partir de la imposición de dichas representaciones simbólicas. El conjunto de representaciones y de valoraciones simbólicas constituyen una cultura.

c. Automatización

El ser humano necesita discriminar entre estímulos que tienen relación con la supervivencia y los que no son prioritarios para ello. Una de las maneras de llevarlo a cabo es empleando la respuesta automatizada que realiza el organismo ante determinados estímulos del medio ambiente, como, por ejemplo, la amenaza de agresión de un animal o de otro ser humano. Otra de las formas de supervivencia es la «introyección subconsciente» que consiste en la asimilación profunda de los símbolos que componen un lenguaje en una determinada cultura para responder de acuerdo a ellos ante las demandas de dicha sociedad.

Un estímulo puede ser importante para nuestra mente cuando se recibe por primera vez. Sin embargo, con el paso del tiempo estos estímulos, y nuestras respuestas a ellos, se automatizan, preparándonos precisamente para la supervivencia y para el manejo múltiple de estímulos diversos. Karl Pribram pone el ejemplo de un ferrocarril que pasaba por Nueva York haciendo mucho ruido. Tiempo después el ferrocarril fue retirado, creando desconcierto en la gente de ese vecindario pues ya estaba «habituada» al ruido del tren.

d. El mundo supuesto

A partir de las respuestas automatizadas a los estímulos que nos llegan del medio ambiente, el ser humano desarrolla «sistemas estereotipados» o «categorías de clasificación de insumos», a fin de dar un sentido coherente y culturalmente aceptable al torrente de información que se percibe de manera continua. Así, esperamos que los aviones hagan cierto ruido, que la comida huela de cierta forma y que la gente se comporte de cierta manera. A partir de los sistemas estereotipados introyectados, el hombre espera ciertas correspondencias en objetivos, colores y formas, presuponiendo la ocurrencia del estímulo para luego vivenciarlos de acuerdo a dichas categorías.

De acuerdo a lo anterior, George Ames caracteriza la conciencia ordinaria como una transacción entre el sujeto que percibe y el medio ambiente. Por su lado, George Kelly concluye que cada persona crea su propio mundo a través de sus constructos personales.

Karl Pribam y Nico Spinell demostraron inicialmente el papel activo del encéfalo en la determinación del contenido de la percepción. Estos autores piensan que la fisiología de los sentidos y del sistema nervioso central del hombre determinan, en gran medida, las características de los mundos que construye. No obstante, piensan estos autores, el mundo personal está sujeto a cambios de acuerdo a la historia cultural y personal. De este modo, se puede decir que la conciencia individual no es completamente estable: los prejuicios y suposiciones del ser humano cambian, así como también sus necesidades e intereses. Por ejemplo, cuando siente hambre, es más sensible a los alimentos.

La conciencia aparece, entonces, como una *corriente*, como algo que *fluye dinámica y continuamente* y que, manifestándose como un proceso permanente de construcción selectiva y analítica, permite alcanzar un mundo personal relativamente estable en el cual se pueden diferenciar los objetivos y manipularlos. Desde esta perspectiva, se puede decir que la conciencia ordinaria humana está determinada por la biología, el tiempo-espacio, la cultura y el lenguaje simbólico.

e.   Contenido y formas de la conciencia

Bernhard Groethuysen, en su libro *Antropología Filosófica*, escribe que el elemento de naturaleza espiritual que permite la realización existencial es la *conciencia*. El autor parte de la consideración de que el hombre no sólo está en una relación receptiva respecto de algunas cosas, sino que además sabe que las percibe. No sólo tiene una capacidad «práctica» y múltiple de comportarse frente a las situaciones, sino que además es capaz de relacionarse con esa primera relación receptiva. O sea, posee una facultad de segunda potencia frente a la percepción: es consciente de ser consciente.

Para Groethuysen ésta es la primera característica esencial de lo propiamente humano; la segunda, es la libertad que viene como resultado de la anterior. Escribe Groethuysen: «Así como el agua es el elemento vital para los peces, así lo espiritual es el elemento de la vida humana. La espiritualidad del hombre es su capacidad constitutiva frente a la relación de mismidad, cuyas formas esenciales llevan los nombres de *conciencia* y *libertad*» (53).

Este autor se refiere al «fenómeno de la conciencia» como una realidad espiritual trascendente por naturaleza que muchas veces es analizada con estrechez limitándola al conocimiento sensible de la percepción. Así, para un conocimiento más profundo de la conciencia hay que preguntarse primero: ¿cómo la conciencia es consciente de sí misma? Una respuesta viable a esta interrogación podría hallarse en la afirmación de que la conciencia «ciertamente lo es, pero no al modo en que tomamos conciencia de determinados contenidos objetivos. La conciencia es en sí evidentemente una «cosa» de distinto orden que determinados contenidos de los que podemos ser conscientes» (54)

Para el ser humano, ser consciente es, evidentemente, un milagro. Puede perderse la conciencia por un colapso, por anestesia, por el sueño o por otras causas. En tal eventualidad se habla de inconsciencia. ¿Qué es estar sin conciencia? La pregunta, según el alemán, es absurda, toda vez que se inquiere por la conciencia de la inconsciencia; «que ex definitione», no puede darse. Sólo en el caso de algunos estados de meditación se puede presentar algo que «se aproxima» a una experiencia de la inconsciencia, en cuanto que subyace a una experiencia de la conciencia «pura», vaciada de todos los contenidos. «La ausencia de una conciencia con contenido sería lo que hay de común entre la 'genuina' inconsciencia y el 'vacío' meditativo» (55).

A pesar de que la conciencia, en alguna medida, pueda «vaciarse» de contenidos, lo verdaderamente importante es que a pesar del «vaciado», sigue permaneciendo la conciencia como un «contenedor» en el que se siguen dando otras formas de conciencia: «en las vivencias de ensimismamiento una conciencia permanente sigue siendo la base de unas formas cambiantes de conciencia, cuya diferencia se hace patente en ese cambio […] La conciencia es algo primordial, no complementario. Define esencialmente la forma humana de vida. Es algo tan fuerte y tan indispensable para nuestra existencia como el aire para nuestra respiración, sólo que mucho más radical porque afecta realmente a nuestras mismas raíces» (56).

Es posible que, observando exteriormente a un sujeto, se pueda advertir una delimitación entre los estados de conciencia e inconsciencia a partir de las formas de comportamiento que éste tiene en cada uno de estos estados; sin embargo, vivencialmente no es posible hacer esta diferencia.

La conciencia se nos presenta casi como una «nada», como algo por completo incomprensible: «Y sin embargo, que exista algo parecido a una conciencia es algo maravilloso en un sumo grado. Habitualmente hasta tal punto nos prenden los contenidos de los que somos conscientes que ni siquiera advertimos la conciencia para nada, lo cual entra precisamente en la estructura dinámica de la conciencia humana, y es completamente normal. Sólo con la reflexión caemos en la cuenta de que los contenidos más diversos, que objetivamente son por completo disparatados, están en conexión mutua justo en tanto que conscientes: están en la unidad de mi corriente conciencial» (57).

Por esta contraposición, entre la unidad de la conciencia y la pluralidad de los contenidos conscientes, y entre la pluralidad de sujetos y la unidad del consciente común, Groethuysen se refiere al «fenómeno de la conciencia» como un «asombro, un asombro que lejos de desaparecer, al seguir ocupándonos de él, más bien crece» (58).

La conciencia, para este filósofo alemán, es una manera de ser que se expresa nítidamente en el acto de conocimiento; es decir, en la relación sujeto-objeto. El acto de conocimiento refleja la conciencia primaria o conciencia-de-lo-objetivo, que consiste en ser y hacerse consciente de un contenido objetivo: «En esa forma de conciencia estoy por completo en la cosa, en cuya concienciación se diluye mi conciencia. Sin estar yo en la cosa, sin perderme en un objeto -para hacerme consciente de una de sus determinaciones- no hay percepción alguna. Yo, en tanto que perceptor, no voy por delante de esa forma de conciencia, aunque naturalmente sin la intención perceptiva -no necesariamente explícita-, no puede darse nada percibido como tal» (59).

De aquí que, coincidiendo con Edmund Husserl, este investigador resalte el papel de la «intencionalidad» en el fenómeno de la conciencia. La conciencia, como función del espíritu, está orientada por una intención. Nuestra conciencia siempre *es conciencia de algo*.

De la conciencia objetiva, también llamada conciencia pre-reflexiva, se transita sin ruptura a otra forma de conciencia, la reflexiva o conciencia referida al «yo». Si en la *conciencia objetiva* el yo se olvida de sí mismo y se diluye en el objeto de la percepción como una realización de la subjetividad; en la *conciencia reflexiva* o refleja, el yo -mismidad- se repliega sobre sí mismo en la reflexión sobre el percibir y el haber percibido, por lo que «puedo recordarme de haber visto el barco, aunque entonces no tuviera conciencia explícita de que el barco estaba allí […] Tema de la conciencia es en un caso el barco «en su existencia» -conciencia objetiva-, y en el otro la visión «del barco en su existencia» -conciencia refleja-» (60). En el orden del ser, el percibir consciente se establece sobre «un estar en sí originario y esencial del perceptor, en virtud de lo cual puede tanto derramarse en lo perceptible como volver desde allí sobre sí mismo» (61). Ese originario «estar en-sí» es lo que constituye la conciencia.

La conciencia ha sido estudiada también desde dos posturas filo-psicológicas diametralmente opuestas: el objetivismo y el subjetivismo.

El objetivismo pretende explicar el hecho de la conciencia empleando el recurso de las categorías del conocimiento objetivo aplicado a los contenidos materiales. De este modo, entiende la percepción como una relación entre objetos del conocimiento, en la que lo percibido actúa sobre el perceptor, surgiendo en este último una representación subjetiva del primero. «La teoría objetivista de la percepción no explica propiamente la percepción; más bien declara lo que son en realidad el ojo, el oído, el cerebro; cómo están construidos y por qué tienen que estarlo así para desempeñar bien la función para la que sirven» (62).

Por su parte, Groethuysen propone el subjetivismo como el reverso del objetivismo, el cual plantea que no se puede ver nada que no esté delante de uno, ni oír lo que se dice mientras se esté «espiritualmente ausente». Esta presencia espiritual -que a su vez Husserl llama intuición eidética- es la que permite la percepción en un acto de espontaneidad como una intención -generada en el sujeto- la cual es a su vez el anticipo de la revelación de las cosas: «en todos los planos la percepción y el conocimiento que de ella surge es una especie de juego de preguntas y respuestas. Sin el dato previo de una pregunta nada se muestra; y si no hay posibilidad de que algo se muestre el preguntar carece de sentido» (63).

Pero el contenido de la percepción no se alcanza exclusivamente por la experiencia personal de un objeto de conocimiento: nosotros hacemos surgir el objeto de la percepción como tal por la percepción del objeto, mediatizado por los «filtros subjetivos» que han sido considerados por la filosofía y por la psicología desde el siglo XVIII gracias a las investigaciones de Emmanuel Kant.

Por otro lado, Haffner distingue dos formas de conciencia: una teórica y una práctica, que corresponden a la distinción griega de *theoria* y *praxis*. La conciencia puramente teórica halla su cumplimiento en la visión sensible-espiritual de aquello que tiene un verdadero ser en sí. Con la conciencia práctica no se puede adquirir el conocimiento de lo que son las cosas puramente en sí mismas, sino de lo que pueden y deben ser para nosotros: «Y es ahí donde se me abren mis posibilidades, mis deberes, etc. Tomo conciencia de una oportunidad, de una amenaza, una oferta, una situación peligrosa, no como un espectador indiferente, sino afectado. La cualidad de lo concebido por mí, que aquí domina, no es la de ser, sino la de bien o de mal» (64). La conciencia pragmática o tecno-práctica trata del «saber cómo». En ella se da la percepción de las circunstancias en relación a una meta, así como de los medios y caminos para su realización. La conciencia teórica, que el autor llama también «ético-práctica», capta los valores y las metas posibles. Como se puede observar, los dos tipos de conciencia se encuentran estrechamente vinculados.

A partir de los principios teóricos anteriores, Groethuysen explica lo que él llama los «grados de la conciencia». Para el alemán, una percepción completa es aquella que se formula lingüísticamente, pero sin un análisis posterior, ya que el conjunto global de estas percepciones completas constituyen una especie de «situación media de conciencia» o «conciencia ordinaria». Pero la situación media de conciencia se acompaña a su vez de situaciones complementarias o «estados previos y estados elevados de conciencia».

Refiriéndose a lo anterior, Husserl dice que el investigador de los fenómenos de la conciencia debe llegar al estudio de éstos limpio de pre-juicios para poder observarlos «tal y como se presentan a la conciencia». Para lograr lo anterior, es menester llevar a cabo una «epoché» o «suspensión del juicio». El paso siguiente, afirma Husserl, será la mera descripción del fenómeno, no su análisis racional. Sin embargo, y a esto se refiere Groethuysen, la descripción del fenómeno es sólo un acto que realiza el investigador a la par que puede realizar o experimentar otros actos, experiencias o situaciones, sean éstas racionales, emocionales, existenciales, sociales o espirituales.

En su obra Groethuysen menciona varias formas de estados previos de conciencia. Una primera se refiere a lo que está en el trasfondo de una conciencia del objeto: el fondo en contraposición a la figura gestáltica. Es decir, lo que no es «tema», va implicado como un anexo al tema. La estrecha relación que se crea permite tomar en consideración a este dato como un conexo al acto de conciencia. Un ejemplo de este tipo de anexos sería el sonido provocado por un instrumento musical en una composición sinfónica: aunque la persona no sea plenamente consciente de dicho sonido, en todo instante a lo largo de la audición, si éste no se diera o fuera distinto -más grave o más agudo- la melodía «sonaría» de manera diferente.

Una segunda forma de preconciencia afecta a un conocimiento o a un recuerdo, que en un momento preciso no se encuentra a nuestra disposición como para evocarlo. «En tanto que conocimiento o recuerdo siguen siendo formas de conciencia no pueden desaparecer sin más [...] que no han desaparecido lo certifica ocasionalmente la acción. Lo olvidado y más aún lo reprimido pueden tener una fuerza tan grande e incluso mayor que lo concienciado [...] En general lo inconsciente -en el sentido de Freud- está en relación con la conciencia como su propio fundamento, pero en un sentido totalmente distinto a como están, por ejemplo, los sucesos metabólicos del hígado [...] Casi nos atreveríamos a formular la afirmación paradójica de que lo inconsciente es la parte de la conciencia que no es accesible a ésta -o que no lo es en absoluto-, es el lado oscuro, el reverso de la claridad. Con ello se dice más que la mera consignación de que sólo se puede afirmar algo sobre el propio inconsciente cuando ha dejado de serlo, porque se ha hecho consciente» (65).

El investigador habla de una tercera forma de vivencia preconsciente y se refiere al obrar libre y ético o «conciencia moral»; de este modo, Groethuysen afirma que «... las más de las veces sólo se puede obrar lo que se sabe que es «malo», por cuanto nos imaginamos que no es tan malo, que es necesario, o que incluso está justificado, etc. Después que se nos abren los ojos y nos avergonzamos, hemos de confesar: «tenía conciencia de lo que hacía» […] El correlato positivo de este autoengaño es el buen obrar, en el que la derecha ignora lo que hace la izquierda, es decir que el actuante ya no se refleja y complace en su superioridad, aunque su actuación no deba ser un proceso mecánico sino libre y de alguna manera consciente» (66).

Una cuarta forma de vivencia preconsciente aparece como respuesta a la pregunta: ¿dónde están las ideas antes de que se me ocurran? En ocasiones, comenta Groethuysen, las ideas y puntos de vista necesitan de un tiempo de incubación para madurar, apareciendo entonces, y de manera total, a la conciencia. Es el tema clásico de la «consulta con la almohada» y en donde «nuestros sueños nos permiten conocer que ya 'sabíamos' algo, aunque únicamente fuera de forma figurada y todavía sin una formulación clara» (67).

Como puede observarse, lo que el autor llama formas bajas de conciencia conforman una gran y compleja multiplicidad, que nos invita a agudizar nuestra percepción para poder advertir con mayor sutileza el desplazamiento de las fronteras entre predicado y conciencia.

En cuanto a las formas aumentadas de conciencia, Groethuysen comenta que el grado de conciencia de una percepción puede incrementarse mediante una descomposición de la impresión como totalidad, esto mediante la comprensión de su contexto funcional. Para ello es muy útil saber: «Así, el botánico ve más y el musicólogo escucha mejor; en el supuesto de que hayan adquirido sus conocimientos en el contexto de la visión y de la escucha, y de que sigan abiertos a la experiencia de lo nuevo y singular, que nunca es un simple caso de lo que se sabe en general» (68). Más adelante, en el análisis de lo que Ken Wilber llama «Espectro de la conciencia» se ampliará el tema de las «formas de conciencia».

Groethuysen cierra el tema de la conciencia haciendo una reflexión de la relación que existe entre autoconciencia y ontología de la conciencia. Afirma este autor que el contenido y la forma de la autoconciencia son inseparables. Por esta relación unificante, la persona puede tomar conciencia simultáneamente de diferentes objetos y sucesos y, al mismo tiempo, ser consciente de que «se da cuenta de ellos».

Sin embargo, «la forma de autoconciencia es diferente, pues responde a los diferentes tipos de contenidos de los que tomo conciencia. Y esto, ciertamente es propio de un ente capaz de conciencia y de autoconciencia, un originario ser en sí. Pero la autoconciencia, al menos en su centro, se desprende de la realidad del otro consciente, por lo que no hay autoconciencia sin *intersubjetividad*. Y a la inversa, toda certeza respecto del otro de las cosas materiales y de las personas tiene que levantarse sobre la base única de la autoconciencia. A la conciencia de nuestra libertad, y de nuestra singularidad personal, a la conciencia de nuestro valor, y finalmente de nuestra autonomía de juicio, sólo llegamos por el hecho de que otras personas nos hablan de ello» (69).

De acuerdo a lo planteado anteriormente, es en y gracias a la conciencia que el ser humano se hace consciente de sí mismo. Sin embargo, existen muchas formas de conciencia y conocimiento; formas de conciencia a las que corresponden diferentes grados y significaciones de «ser». Por eso es que el tema de la conciencia va más allá de la Antropología para adentrarse en la Metafísica. La conciencia pertenece al *sí mismo* «lo cual no significa que «ser» sólo sea aquello que es objeto de conocimiento, y menos aún de un conocimiento científico. Pero sí que toda experiencia y penetración del ente debe tener su posibilitación positiva en el ser sí mismo consciente. Esto, a su vez, dará una posibilitación positiva para que el sujeto finito sea consciente de sí mismo, bien sea en la precisa autoconciencia práctico-vital, bien en una reflexión trascendental. Aún así, lo misterioso, inherente al hecho de la conciencia y del conocimiento, sobrepasa por completo al hombre mismo. Pues todo lo que con un cierto saber se cree de sí mismo, es una forma de lo sabido y de lo concienciado, que como tal, por su misma forma es un misterio, quedando todo nuestro saber empírico sobre nosotros mismos rodeado por algo que científicamente ya no resulta explicable, justo porque posibilita todo saber. Pero este hecho todavía podemos conocerlo» (70).

2. Niveles y estados de conciencia

En los incisos anteriores, a través del trabajo de diversos autores, se ha pretendido responder a la pregunta ¿qué es la conciencia? Asimismo, subrayar que, más allá de la Neuropsicología, una explicación final a este misterio puede encontrarse en un enfoque trascendente. Respecto a esta última idea, comenta Víctor Frankl: «El hecho psicológico de la conciencia es pues sólo el aspecto inmanente de un fenómeno trascendental. La pieza que penetra como una cuña en la inmanencia psicológica, la conciencia, es sólo el lado inmanente de un todo trascendental, que como tal desborda el plano de la inmanenecia psicológica, es decir precisamente trasciende dicho plano» (71). Visto así, el proceso de autorrealización del ser humano es un proceso consciente de trascendencia. El sí mismo consciente se trasciende a sí mismo, siendo capaz de «despertar», con voluntad y libertad, a otros niveles de conciencia que van más allá del plano de la conciencia ordinaria.

A lo largo de la historia del misticismo y de la psicología se ha dejado testimonio de la existencia de estos niveles de conciencia; sin embargo, no resulta fácil calificarlos y clasificarlos. Por esta razón, intentando nombrarlos, se les ha llamado niveles de conciencia «elevados», «profundos», «intensos», etc. Y puesto que cualquiera de estos calificativos implica referencia a espacio, tiempo, cantidad y duración, la lógica del razonamiento y del lenguaje occidentales, siempre lineal y causal, se estrella ante la lógica experiencial de una vivencia, que es, por definición, integral, holística y total.

Si bien algunos autores identifican hasta veinte estados de conciencia, todos ellos corresponden a variaciones de lo que podríamos llamar la «conciencia personal», en la que es posible definir con claridad el yo y lo otro.

Por otro lado, la actividad eléctrica del cerebro permite la identificación de frecuencias eléctricas específicas, las cuales, a su vez, corresponden a rangos de actividad diferenciada del fenómeno de concienciación: los llamados estratos alfa, beta, delta y theta. El resultado de esta actividad bio-electro-química son los estados de conciencia de la vigilia, el sueño, el dormir, la hipnosis y todas sus etapas intermedias. En total, veinte estados de conciencia.

En el caso de los niveles de conciencia, los investigadores no se refieren ya a las modalidades del fenómeno de concienciación; es decir, de los efectos psicológicos de las frecuencias eléctricas del cerebro, sino de la dilución de las fronteras del ser consciente, del franquear los límites del «yo» y de la «realidad», de la expansión de la conciencia que permite lo trascendente allende los límites del ego y la conciencia ordinaria concomitante.

Como ya se ha anotado en los incisos anteriores de este capítulo, el devenir existencial y las exigencias de la vida diaria limitan la percepción y la sumergen en las fronteras estrechas de la conciencia ordinaria. Así, el ser humano se aleja de su naturaleza original, de su apertura ilimitada de conciencia y se establecen barreras psíquicas, fronteras, demarcaciones y límites conceptuales que lo apartan de su conciencia «originariamente pura y unitiva». Entonces, la conciencia empieza a trabajar a diferentes niveles, respondiendo así de formas múltiples, de acuerdo al nivel en que se encuentre, a la pregunta básica propuesta por la persona: ¿quién soy?

Tomando en consideración la premisa básica de que la conciencia establece límites -como una manera de existir y sobrevivir en este mundo- William Blake escribe que «nuestra conciencia normal de vigilia no es más que un tipo especial de conciencia, en tanto que, en derredor de ella y separadas por la más tenue de las pantallas, se extienden formas de conciencia totalmente diferentes» (72).

Con el propósito de comprender los niveles de la conciencia, el psicólogo norteamerciano Ken Wilber propone un modelo o «mapa» de la conciencia, en el que ésta es representada como un espectro similar al de las ondas electromagnéticas y que él llama «espectro de conciencia». Este esquema -semejante a los de la física en el tratamiento de los fenómenos de la luz, la electricidad y el magnetismo- se compone de diferentes bandas o «niveles de identidad» que van de la conciencia ordinaria hasta la conciencia de unidad, pasando por las bandas transpersonales.

Como podremos observar gráficamente a continuación, el estudio de este modelo permite considerar a la conciencia como una totalidad pluridimensional en la que cada nivel es parte de un todo más elevado y jerárquicamente organizado.

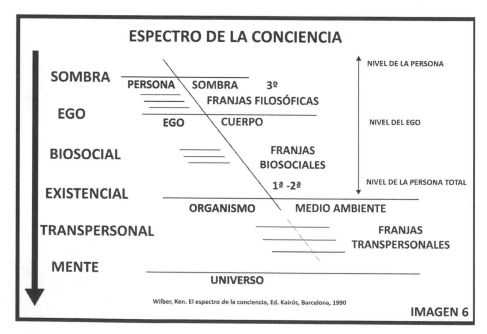

ESPECTRO DE LA CONCIENCIA

Wilber, Ken. El espectro de la conciencia, Ed. Kairós, Barcelona, 1990

IMAGEN 6

Según Ken Wilber, así como un rayo luminoso que se refracta en un prisma óptico y se descompone en bandas de color que constituyen el espectro; éste a pesar de su descomposición, sigue constituyendo un sólo rayo de luz. De la misma manera, todas las bandas del «espectro de la conciencia» vienen a ser como momentos, expresiones, niveles de la misma conciencia personal.

Basándose en sus propios estudios, Wilber afirma que la conciencia fenoménica de la persona se va ampliando hasta alcanzar las experiencias de lo transpersonal y, en su momento, la conciencia de unidad o experiencia de la totalidad. En esta conciencia unitaria se superan las polaridades y se logra el completo desapego de las veleidades del «ego». La meta final de este proceso es llegar a la fusión con el Uno, con el Ser.

Así, las respuestas a la pregunta fundamental del sí-mismo consciente -¿quién soy?- podrán elaborarse, según este modelo de Ken Wilber (73), en cada nivel de conciencia de manera distinta, pues, el ser humano establece fronteras mentales que delimitan lo que «uno es», de lo que «uno no es», el mundo del «ser» y el mundo del «no ser». Por eso, ante el cuestionamiento por la identidad, la persona podrá responderse, de manera simple o compleja, dependiendo del nivel donde se trace la línea fronteriza entre «ser» y el «no ser».

En este modelo partimos de una primera frontera, que trazamos al identificar nuestra propia piel como la delimitación entre lo que «soy» y lo que «no soy»; frontera entre el «yo» y el «no yo». A partir de esta dicotomía primaria se definen los diferentes niveles del espectro. Aún cuando Wilber advierte que los niveles pueden subdividirse más específicamente, establece cuatro niveles prioritarios o «bandas de la conciencia», a las que me referiré brevemente en las páginas siguientes.

Puesto que las bandas que la conforman se convierten en partes de un todo mayor, la conciencia y sus manifestaciones, descritas por el modelo de Wilber, resultan en su unicidad un reflejo del Cosmos. Cada nivel sucesivo del espectro representa, de alguna manera, un tipo de estrechamiento o restricción de lo que el individuo siente que «es él mismo», su verdadera identidad, su respuesta definitiva a la pregunta ¿quién soy?

a. El nivel de la persona

En este primer nivel de demarcación entre el ser y el no ser se establece la frontera de la «persona» y la «sombra». Retomando una expresión de Carl Gustav Jung, Wilber identifica el término de «persona» con el de «máscara». Desde esta perspectiva, el vocablo «persona» representa «la imagen de uno mismo» formada exclusivamente por las ideas del mundo y por la visión que una persona tiene de sí misma. Esta visión del mundo y de sí mismo llegan a ser tan fuertes que la persona se identifica con ella y la valora como cierta; razón por la cual las incorpora al mundo del ser. Esta primera escisión, no obstante, rechaza y deja excluido en el margen del no ser, en la «sombra», a todo aquello que amenaza este concepto que, aunque propio, es restringido. El resultado es la creación de un autoconcepto, inexacto y empobrecido, con el cual se identifica la persona creyendo, de verdad, que así es.

Como resultado de la demarcación conceptual que se hace entre «persona» y «sombra», la conciencia se limita a aceptar como propia sólo una pequeña parcela de lo que en verdad la constituye, por lo que proyecta al mundo exterior aspectos reducidos y deformes de su propio ser. Así, el resto, el mundo de lo indeseable, de lo doloroso, de lo malo, el impulso erótico personal, la necesidad de hacerse valer y reconocer, el enfado, la alegría, la agresión y tantas emociones y sentimientos que por ciertas circunstancias de educación y presión social son considerados por la persona como algo negativo, son enviadas al «receptáculo del proceso de negación de la existencia de una o varias tendencias» (74): *a la sombra*.

Muchos de estos aspectos forman parte de la condición existencial humana así que, por más que se intenten negar no desaparecen; por más que se insista en rechazarlos continúan presentes ya que *son* del individuo. Por lo tanto, y como una defensa, la persona aprende a fingir, a «hacer como si» pertenecieran a otro cualquiera, excepto a sí misma. Siempre que no sea yo el perfecto, el piadoso, el justo, el responsable, el compasivo, el brillante; mi injusticia, mi sórdida maldad, mi perversión real o supuesta, mi odio, mi mentira, mi agresividad y mi envidia se ubican fuera de mí, en los demás. Este mecanismo de defensa permite la autoaceptación propia y la tolerancia de los demás; es decir, del «no ser».

Pero el expulsar y proyectar en los demás la «sombra» personal no elimina la dicotomía existencial, lo cual favorece la aparición de síntomas psico-emocionales que, tarde o temprano, provocarán dificultades a la propia conciencia. Se inicia así -dice Wilber- una feroz batalla entre opuestos: entre la «persona» contra su propia «sombra». Esta batalla detiene la natural tendencia de la conciencia a buscar la unidad y la obliga a replegarse sobre sí misma provocándole un gran dolor interno que la persona, muchas veces no sabe discernir de dónde ni por qué llega.

b. El nivel del ego

En esta etapa, el individuo se identifica totalmente con la imagen mental de sí mismo, dejando fuera del campo de realidad al cuerpo o «soma». Wilber comenta: «En efecto, aparece como si yo estuviera sentado sobre mi cuerpo, como jinete montando a caballo, al que doy un latigazo, una palmada, lo alimento, lo cuido, le impongo mi voluntad sin consultarle y lo refreno contra su voluntad» (75). En esta banda del espectro, mi conciencia se reduce a ser únicamente conciencia de *mi* cabeza. Soy mi cabeza, pero «tengo un cuerpo». Así, la frontera se establece entre el intelecto o «ego mental» y el «soma». El cuerpo queda reducido a «no ser uno»; sino «propiedad de uno». Se convierte en un objeto o en una proyección semejante a la realizada con la «sombra».

En un nivel más profundo, afirma Ken Wilber: «tememos reclamar el cuerpo, porque es morada del sufrimiento, la enfermedad y la muerte» (76). Polvo y ceniza enfrentados al ego en una guerra de opuestos la cual, a pesar de su sutileza, es notablemente intensa ya que el hombre, al identificarse con la imagen mental de sí mismo y con sus propios procesos mentales intelectuales y emocionales asociados a esa imagen, rompe la unicidad de su identidad organísmica bio-psico-social.

c. El nivel del organismo total

La conciencia trabaja en esta banda cuando el individuo trasciende la etapa del ego mental y se identifica con la totalidad de su organismo bio-psico-social. Entonces, «aparecen los procesos de pensamiento racional, la voluntad y la intencionalidad. Se reúnen la psique y el soma para revelar el organismo total, actualizándose sus vastos potenciales que se ponen a disposición del individuo» (77). Debido a lo anterior, el individuo puede afirmar: «Yo soy una unidad formada por mente y cuerpo». En este momento, las facetas rechazadas de uno mismo se integran al ser ampliándose las potencialidades individuales. El resultado es que en esta banda la nueva frontera se demarca ahora entre el organismo total -a quien con una hermosa imagen mitológica Ken Wilber llama «centauro»- y el medio ambiente exterior, el cual se ubica en el área del no ser, de lo otro. El mundo externo se convierte así en un objeto que debe ser dominado, controlado y vencido.

Nuevamente límites, barreras, opuestos y batallas. Al final, como en cualquier guerra que se precie de serlo, el resultado es la muerte. Al respecto, los psicólogos transpersonales piensan que no puede haber una verdadera educación ecológica sin lograr profundamente en la conciencia humana los valores requeridos para integrar al centauro con su medio.

Frente a estas realidades, la conciencia despierta abordando las llamadas «bandas transpersonales». En estas bandas, el individuo, nuevamente, se identifica con la totalidad de su organismo bio-psico-social. En este acto, reconoce la realidad del tú, acoge el mundo del ser y trasciende el egocentrismo para *ser con los demás*; experiencia que permite al individuo iniciar una vida regida por los valores. Desde su capacidad de amor pleno y compromiso con los seres más cercanos o íntimos, hasta alcanzar a la raza humana en su totalidad, la persona aprende a vivir «el amor como camino para llegar a la unidad en la multiplicidad, a la conciliación del elemento y del Todo» (78).

Desde esta perspectiva, lo transpersonal significará un proceso en el que la conciencia trasciende la identidad del individuo que se ha identificado con su corporeidad. En este proceso se producen las «experiencias transpersonales», caracterizadas en sus niveles más altos por la inhibición del pensamiento racional-lineal y la potenciación enérgica de la intuición y del conocimiento holístico.

En las bandas transpersonales se trasciende la conciencia ordinaria -al ego y al centauro- para «aprehender», en su sentido más profundo de «hacer propio», todo lo existente. Este proceso de trascendencia permite que la conciencia se expanda y se separe creativamente de la mente, el cuerpo, las emociones, los pensamientos y los sentimientos de la persona para abarcar la totalidad del ser. Por eso es que una persona *consciente* -según Wilber- se expresaría de la siguiente manera:

«Tengo cuerpo, pero no soy mi cuerpo. Puedo ver y sentir mi cuerpo; pero no es el auténtico ser el que ve. Mi cuerpo está cansado y exaltado, enfermo o sano. Puede sentirse ligero o pesado, pero eso nada tiene que ver con mi yo interior. Tengo un cuerpo, pero no soy mi cuerpo. Tengo deseos, pero no soy mis deseos. Puedo conocer mis deseos, pero lo que se puede conocer no es el auténtico conocedor. Los deseos van y vienen, flotan a mi alrededor, pero no afectan mi yo interior. Tengo deseos, pero no soy mis deseos, Tengo emociones, pero no soy mis emociones. Puedo percibir y sentir mis emociones y lo que se puede percibir y sentir no es el auténtico perceptor. Las emociones pasan a través de mí, pero no afectan a mi yo interior. Tengo emociones, pero no soy emociones. Tengo pensamientos, pero no soy mis pensamientos. Puedo conocer e intuir mis pensamientos, pero lo que puede ser conocido no es el auténtico conocedor. Los pensamientos vienen a mí y luego me abandonan, pero no afectan a mi yo interior. Tengo pensamientos, pero no soy mis pensamientos» (79).

Al no ser cuerpo ni deseo ni emoción ni pensamiento; entonces ¿quién soy? Fundamentalmente un «centro de percepción consciente», el testigo inmóvil de los pensamientos, emociones, sentimientos y deseos: *el ser transpersonal*. El testigo central que, hundiéndose en las olas tempestuosas del océano de la conciencia -fragmentaria, movediza y contingente- penetra en la calma de la conciencia trascendente. El ser humano, al apartarse, al des identificarse de pensamientos, emociones, sentimientos y deseos, se convierte en *testigo*. De aquí que el ser transpersonal se sitúa y deviene como testigo u observador del Todo.

El testigo transpersonal aparece cuando el hombre se des identifica y se despega de todo lo particular -sean objetos mentales, emocionales o físicos-; es decir, cuando trasciende. Por eso es que puede decir: «No soy mis temores ni mis angustias ni mis emociones». Y es que si puede percibirlos, entonces no son el auténtico ser que percibe: el sujeto. Y al no ser ellas su verdadero ser, es libre. No se identifica necesariamente con ellas y, por lo tanto no es su esclavo. En la esencia del hombre está la libertad: «Yo soy libertad».

En la gran tradición yoga de la India se plantea que la verdadera ignorancia es la identificación del ser con los instrumentos del ser. De manera similar Wilber amplía: «Cada vez que nos identificamos exclusivamente, o nos apegamos exclusivamente a la persona, al ego o al centauro, cualquier cosa que amenace la existencia o sus normas, nos da la impresión de que amenaza a nuestro propio ser. Todo apego a ideas, sensaciones, sentimientos o vivencias, no es más que otro escalón en la cadena de nuestra auto-esclavización» (80).

Al intuir y experimentar al ser transpersonal, el hombre se da cuenta que no existe más que un Ser que asume formas diferentes. La yoidad interior trasciende a la mente y al cuerpo, volviendo a recuperar una sabia intuición infantil que se manifiesta cuando el niño se pregunta ¿cómo sería yo si tuviera otros padres diferentes? Se da cuenta de manera inocente y sutil de que el testigo, la unidad interior, no depende de las formas externas; que a pesar de tener otros padres, si esto fuera posible, seguiría siendo él mismo. Así, el niño intuye de manera natural la trascendencia.

El desapego, la des-identificación, conduce necesariamente a la experiencia transpersonal. Pareciera una paradoja el que en otros niveles de conciencia el hombre se empeñara en integrar al ser tanto lo indeseable de la «sombra» como el «soma» y el medio ambiente. Ahora, en el proceso de trascendencia de la individualidad, se nos pide desapegarnos de todo ello.

La des-identificación y el desapego no significan para el ser humano la negación, sino la posibilidad de observarse desde fuera de sí mismo, de ser testigo de la riqueza de las formas externas de su ser, de aceptarlas en su multiplicidad y agradecerles su aportación a la experiencia gozosa de la vida, con todas sus luces y sus sombras, sus valles y elevadas cumbres. Desde fuera, con el suficiente distanciamiento con el que juzga una obra de arte -en este caso profundamente propia- el hombre, al no identificarse con las formas, tiene la posibilidad de advertir la *esencia*, de mirar el conjunto.

Una experiencia transpersonal o estado de conciencia, puede conducir a un nivel de conciencia transpersonal. Sin embargo, este último puede darse en muchas personas sin la necesidad de experiencias transpersonales específicas. En la experiencia transpersonal el ser humano vive un momento de eternidad atemporal en el que se expande la conciencia por encima de la conciencia habitual u ordinaria y, mediante el desapego, se identifica con el Ser que verdaderamente es.

El siguiente relato, hecho por uno de mis alumnos, ilustra lo anterior:

«Después de llegar a la oficina, al sentarme en mi lugar de trabajo, me di cuenta de que mi secretaria había colocado sobre el escritorio una rosa muy bella. De pronto, sin buscarlo y sin saber por qué y cómo, me sentí cautivado por la visión de la flor y empecé a sentir que un extraño fluido se extendía entre ella y yo. Hasta que de pronto fuimos una sola cosa. Y no tan sólo los dos, sino juntos estábamos ligados, en amor y comprensión, a todo lo trivial y ordinario que nos rodeaba:

muebles, sillas, el edificio, las demás personas [...] todo adquirió un carácter sagrado y un significado espiritual, de trascendencia. Me sentí inundado de una sensación de paz y de felicidad, cálida e intensa, al mismo tiempo que humilde y agradecido. Mi entendimiento constataba que todo está bien, el mundo estaba bien [...] No sé cuánto duró, un segundo, tres, un minuto, no sé... A partir de ese día todo cambió para mí. Hoy puedo decir que me siento mejor conmigo mismo, como más pleno y satisfecho».

Mi alumno no había oído nunca hablar de experiencias cumbre o de Psicología Transpersonal. Sencillamente, el testigo interno aprehendió el ser de la rosa, se estableció una comunicación entre ambos y se hizo uno con ella y con todos los objetos del entorno.

Como mencionamos anteriormente, hay personas que sin haber tenido nunca una experiencia transpersonal, acceden temporalmente o viven permanentemente en un estado de conciencia transpersonal. Su experiencia es el resultado de una acción de desapego frente a las exigencias individualistas del ego y de la solidaridad amorosa y entregada con el mundo. Estas personas se vuelven uno con la humanidad y la naturaleza. Por otra parte, se da el caso de individuos que han tenido experiencias transpersonales muy emotivas y bellas, que con lágrimas en los ojos la describen como «un milagro». Sin embargo, en el instante siguiente a la vivencia, son capaces de mentir, usar y abusar de todo lo que les rodea, incluso de olvidarse del prójimo con el más frío egoísmo. Misterios y paradojas del plan cósmico.

Aunque la lucha de los opuestos va cesando en el campo de las bandas transpersonales, todavía encontramos en este nivel una última frontera: la separación entre el ser transpersonal o «testigo» y lo Absoluto, la Realidad o Verdad Última. En este momento, el ser transpersonal es aún el observador del Todo y permanece frente al cosmos, en la orilla del no-ser.

Para concluir, se puede decir que el espectro de la conciencia es una aproximación pluridimensional a la identidad final del hombre; es decir, que cada nivel del espectro está señalado por una conciencia de identidad individual, diferente y fácilmente reconocida y que a través de bandas desciende desde la identidad suprema hasta la conciencia reducida que se asocia a la identidad del yo individual. El esquema siguiente representa gráficamente lo expuesto anteriormente:

3. Nivel de conciencia absoluta o de unidad

Cuando la última traza de dualismo se trasciende, el hombre despierta a la Mente o a la Unidad del Ser, pues, en ese momento, el testigo y lo testimoniado son uno y lo mismo. Las tradiciones espirituales históricas y las terapias transpersonales apuntan en el mismo sentido: pretenden curar al ser humano del dualismo básico del sujeto frente al objeto, entre el pasado y el futuro, entre la vida y la muerte. Esta reconciliación le permite al hombre *despertar* al mundo inespacial e intemporal de la conciencia cósmica.

En este nivel de la conciencia absoluta o de unidad se disuelve la última frontera. Wilber la llama el nivel de la «Mente». En este nivel, el sujeto y el objeto se funden en una sola realidad absoluta: Brahma, Tao, Darmakaya, Alláh, Dios, nombres diversos de una sola y sagrada realidad.

El nivel de la conciencia unitaria es un estado de conciencia total sin fronteras, sin principio ni fin. Siempre presente incluye a todos los demás estados, niveles y bandas de conciencia. En él se da el reconocimiento de que cada ser humano es la encarnación de un espíritu inmortal, atemporal y divino; de que siendo parte de un mundo múltiple se participa del Espíritu Supremo.

Ahora sí, la conciencia sin fronteras, y entonces, nos ocurre lo que en alguna ocasión expresó Huxley: hablamos o escribimos «dando pasos de elefante en un terreno donde los mismos ángeles pisan con delicadeza». Ante lo limitado del lenguaje para comunicar y comprender las vivencias personales, la tentación es callar, o al menos, tratar el tema con algo más que humildad: con respeto y temblor de dientes, acudiendo al recurso de la cita, el comentario y la comunicación de testimonios.

Wilber plantea que la conciencia de Unidad lo abarca radicalmente todo: «de forma muy semejante a como un espejo incluye igualmente todos los objetos que refleja. No es un estado diferente o aparte de otros estados, sino la condición de posibilidad y la verdadera naturaleza de todos los estados» (81). No tiene límites ni demarcaciones. Nada separa a la conciencia de nada. Cada nivel del espectro, señala el mismo autor, es como una ola determinada. La conciencia de unidad es el agua misma. No hay separación entre el agua y las olas. El agua es la constituyente de todas las olas. Propiamente no se debería hablar de un estado diferente de conciencia, puesto que no se trata de un estado parcial, sino que es la experiencia consciente de la unidad del Todo: la «acuosidad» misma de la que se forman las gotas y las olas. En el nivel de la mente, la identidad del individuo llega a ser uno con el Todo, a fundirse con el Absoluto. Así, la iluminación resplandece en toda su claridad y brillo en un presente eterno.

Las experiencias místicas -o el nombre que quiera dársele de acuerdo a las tradiciones y culturas- son las que permiten al ser humano entrar en contacto con este estado de conciencia unitaria. Al trascender los elementos del mundo se llega al núcleo, al centro de la conciencia que se encuentra en unión total con el Ser: «Lo nacido de la carne, carne es, y lo nacido del espíritu, espíritu es». Por lo tanto, no te admires que te hayan dicho: os es preciso nacer de nuevo» (82).

Sin embargo, es importante no confundir una experiencia mística con la conciencia unitaria. La conciencia unitaria o absoluta es natural y permanente en el hombre, constituye el sustento de su identidad. No puede entrarse en ella ni abandonarse, puesto que no tiene fronteras. Por otro lado, una experiencia mística descorre el velo, *despierta*, provoca un darse cuenta de la más profunda realidad: todos los seres humanos son hijos de Dios y comparten su misma naturaleza. Todos los hombres participan de la naturaleza de Buda. Se den cuenta o no, lo acepten o no. En el nivel de conciencia de unidad, el ser humano escucha y comprende -por más ciego que esté- esa Verdad.

La conciencia unitaria o conciencia natural del ser humano ha sido nombrada de muchas formas: Absoluto, Conciencia cósmica, Iluminación, Satori, Kansho, Samadhi, Moksha, Nirvana, Tao, etc.

A pesar de los diferentes nombres que pueda recibir la conciencia unitaria, los representantes de las distintas corrientes religiosas coinciden en afirmar que las personas que acceden a este nivel unitario viven llenos de paz y significado, conocen la alegría genuina y viven la fusión de todas sus polaridades, liberándose de sus apegos.

La Conciencia de Unidad deviene, necesariamente, en una visión integral de las religiones; esto es, en una inter religiosidad respetuosa y comunicada.

Houston Smith nos propone el siguiente esquema en el que, más allá de las diferentes nomenclaturas, las distintas religiones tienen el mismo origen y el mismo final: Eso, Mente, Dios…

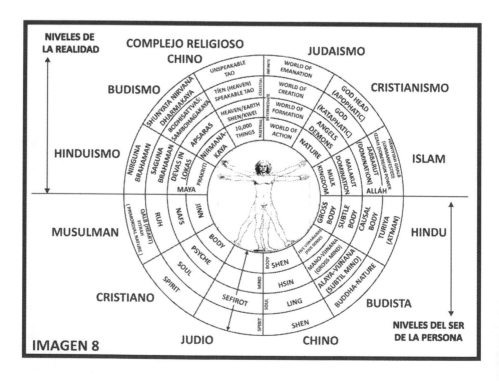

Siendo la conciencia de unidad un estado natural del ser humano, sin importar la raza, el sexo, la edad, la cultura y la circunstancia, todo hombre tiene la potencialidad de experimentar estados trascendentes de conciencia en cualquier momento de su desarrollo.

Es importante señalar que en las experiencias místicas se vive la integración con el todo sin que por ello se pierda el sentimiento de individualidad. La comprensión de esto puede ser difícil; sin embargo, es el rasgo común más identificable en toda la casuística de las iluminaciones. La expresión verbal exacta de la experiencia mística es imposible. La metáfora, el lenguaje parabólico y profético constituyen el vehículo para conceptualizar y transmitir una pálida imagen de la plenitud de estos acontecimientos cumbre.

> Oh hermosura que excedéis
> a todas las hermosuras.
> Sin herir dolor hacéis
> y sin dolor deshacéis
> el amor de las criaturas.
> Juntáis quien no tiene ser
> con el Ser que no se acaba.
> Sin acabar acabáis,
> sin tener que amar amáis.
> Engrandecéis nuestra nada. (83)

> Teresa de Jesús

El modelo de Ken Wilber sobre el «espectro de la conciencia» permitió, de alguna manera, situar dentro de un discurso inteligible a una realidad absoluta que resulta imposible de aprehender con los mecanismos habituales de la pura razón. Sin embargo, este modelo, como su propio nombre lo expresa, no es más que una representación de algo que dista mucho de la realidad de lo que pretende representar. Por eso, es necesario hacer algunas puntualizaciones que ayuden a diluir la impresión de que esas bandas son estáticas, semejantes a una escalera por donde la conciencia puede bajar o subir.

La conciencia unitaria no es el último escalón de una construcción. Está en todos los peldaños y constituye la condición de posibilidad de todos los otros niveles; es decir, es la escalera misma. No debe pensarse que para su consecución hay que ir brincando de nivel en nivel para caer súbitamente en la conciencia unitaria; esta idea sería una generalización demasiado burda. Más bien, es necesario reconocer en estas «pequeñas trascendencias» un proceso más complicado en el que se van extirpando conscientemente los opuestos, superando las limitaciones, derribando las barreras en la conciencia, las fronteras y los límites de las ilusorias creencias entre persona y sombra, entre ego y medio, entre *testigo* y *Ser*.

Según Wilber, las barreras ilusorias del ego en la conciencia -las fronteras y límites- son la funesta consecuencia del verdadero pecado de Adán, empeñado tozudamente en seleccionar, dar nombres y etiquetar cuanto se le puso enfrente. Lo auténticamente grave fue que, al final, llegó a convencerse de que las etiquetas -fronteras y límites- eran reales. Con esta herencia, el ser humano se pasa la vida separando, delimitando, cavando fosos en la realidad y fabricando opuestos. Como el padre Adán, el hombre pierde el estado de gracia original; se despoja, o más bien se duerme, frente a la Mente que lleva dentro.

> El Tao en su eternidad
> es de una simplicidad absoluta.
> Pero desde que la civilización comenzó
> surgieron los nombres
> y los nombres adquirieron existencia propia
> y al fin se ignoró dónde detenerse.

> Lao Tse

Cuando se comprende al estado de conciencia unitaria como una capacidad natural del ser humano, adquieren sentido las afirmaciones de Víctor Frankl cuando habla de la «presencia ignorada de Dios» y aclara:

«El hombre irreligioso se ha detenido antes de tiempo en su camino en busca de sentido porque no ha ido, no ha preguntado más allá de la conciencia. Es como si hubiera llegado a una cumbre inmediata inferior a la más alta. ¿Por qué no sigue adelante? Porque no quiere dejar la «tierra firme bajo sus pies»; porque la verdadera cima se esconde a su vista. Se halla oculta en la niebla, y en esta niebla, en esto desconocido, nuestro hombre no se atreve a internarse. A ello solamente se atreve el hombre religioso» (84).

Frente a la pregunta que lanza Frankl, es posible decir que a pesar de que el hombre no se atreve a adentrarse en la niebla, en el fondo de su ser alienta y da calor a una espiritualidad ignorada, pero siempre presente: «Si llegamos a hablar del Dios inconsciente, no quiere decir que Dios en sí mismo sea inconsciente, más bien significa que la presencia de Dios para el hombre a veces no es consciente, que nuestra relación con él puede ser inconsciente, reprimida y por tanto oculta para nosotros mismos» (85).

La miopía que sufre el propio ser se debe a que toda experiencia es filtrada por los paradigmas -postulados culturales básicos que se han introyectados desde la infancia para conocer y sobrevivir en el mundo y la vida. Los paradigmas influyen en el ser humano con toda su carga implícita de ideologías y contribuyen a dimensionarlo en un solo sentido. A partir de este hecho, la conciencia se adormece y pierde la vivencia de la Unidad. Esta pérdida arroja al hombre en un mundo de demarcaciones y opuestos: espacio, tiempo, sufrimientos, dolor y muerte sin sentido.

El proceso de apertura o ampliación de la conciencia puede ser explicado por otros modelos teóricos distintos al de Ken Wilber. En todos ellos, se encuentran, al final, una serie de batallas por la identidad del ser, las cuales se alimentan de una sola motivación, oculta e inconsciente: el anhelo espiritual de recobrar la conciencia unitaria, el territorio de lo no-limitado, nuestro verdadero hogar.

> Ver el mundo en un grano de arena
> y el paraíso en una flor silvestre.
> Tener el infinito en la palma de la mano
> y la eternidad en unas horas. (86)
>
> William Blake

No es de extrañar que una gran cantidad de hombres y mujeres que han "ascendido" en la escala de los niveles de conciencia y han experimentado el Nivel de Conciencia Absoluto o de Unidad, desciendan a la experiencia física transformados radicalmente en su forma de pensar y de actuar. Y es que, del "buen ser", deviene el "buen hacer".

Un ejemplo de la relación que existe entre los niveles de conciencia y las actitudes y las conductas de los humanos es el valor del Servicio, tan importante en todas las esferas del quehacer humano.

Analicemos el esquema siguiente:

¿CUAL ES TU POSICIÓN EN EL SERVICIO?

**ARMONÍA
BIENESTAR
DESARROLLO**

ACTITUDES Y VALORES
ORIENTADOS A UNA
REALIDAD TRASCENDENTE

NIVEL CONCIENCIA ABSOLUTA O DE UNIDAD
**SOY AMOR, TODO ES AMOR, POR LO
TANTO LO CUIDO Y LO MEJORO**

NIVEL ORGANISMO TOTAL
**¡DECIDO SERVIR,
SE REQUIERE!**

NIVEL EGO
**APARENTO
SERVIR**

Límites al Ascenso

NIVEL PERSONA
**TENGO QUE
SERVIR**

" SERVIR ME REALIZA
PLENAMENTE.
SOY REY, PERO VENGO A
SERVIR, NO A SER SERVIDO"

"SIRVO PORQUE ASÍ LO
DECIDO. EL MUNDO
Y LOS DEMAS NECESITAN
DE MI AYUDA"

"SIRVO PORQUE ANTE
LOS OJOS DE LOS DEMÁS
ES ALGO BIEN VISTO"

"SIRVO PORQUE ME PAGAN.
HAGO UN ESFUERZO POR
ATENDER A LOS DEMÁS"

ACTITUDES Y VALORES
CENTRADOS SÓLO EN UNA
REALIDAD MATERIAL

**DESARMONÍA
FRUSTRACION
ENFERMEDAD**

IMAGEN 9

III

San Juan de la Cruz, un ejemplo de conciencia de unidad

En todas las épocas han existido fervorosos escuchas y atentos vigías que superando los obstáculos que encontraron a lo largo de su camino, abrieron cauces para comprender el significado de lo que es *ser hombre*. Dieron *voz* en el tiempo, a las aspiraciones metafísico-religiosas de la humanidad, cumpliendo de un modo ejemplar lo que es tarea de todo hombre: estar abierto, a través de las cosas y de sí mismo, a los designios del fondo esencial. Un ejemplo claro del hombre que se encamina hacia la conciencia unitaria lo encontramos en San Juan de la Cruz, místico carmelita del siglo XV.

La obra de San Juan de la Cruz parece hecha de una sola pieza sólida y maciza. Las múltiples formas de expresión en que se vuelca su alma están al servicio de un propósito único, obsesivo y omnipresente. Podría decirse que, en toda obra escrita por el místico carmelita, no hay más que una idea, o, mejor, un anhelo único, un sólo afán que lo mueve todo, lo domina todo, lo avasalla todo, como ímpetu de torrente incontenible: es la pasión de Infinito, de Absoluto, de Plenitud, de Totalidad: la pasión de Dios.

Una fe robusta, alimentada en la oración y en la meditación de la Escritura, reveló a Juan de Yepes que sólo Dios podía ser el Bien supremo y absoluto del hombre, el único Bien real, verdadero y substancial. Desde entonces, Juan de la Cruz ya sólo deseó la posesión de este Bien absoluto y total. No pudieron contentarle los bienes parciales y derivados, no pudieron satisfacerle más los signos y las figuras, las representaciones, mediaciones, efectos o dones de aquel supremo Bien que, aunque no conocido en sí mismo, aunque infinitamente alejado y al parecer humanamente inasequible, era entrevisto a la luz de la fe como el único que puede dar un sentido pleno, total y definitivo a la existencia humana. Así, para Juan de la Cruz, el móvil de la existencia no es otra cosa que una invitación del mismo Dios a poseerle tal como El es: atracción cierta, imperativa y actuante que descubre maravillas insospechadas de lo que Dios quiere hacer con el hombre y de lo que el hombre es para el corazón de Dios.

En la soledad de la oscura mazmorra de Toledo, o en el retiro de los lugares desiertos en los que se apartaba de la disipación mundana, Juan de la Cruz experimentó simplemente, en la fe de la revelación, que él era amado por el Infinito con un amor infinito. Todo está ahí: Juan de la Cruz es el hombre que, al sentirse amado por Dios con amor infinito, no puede menos que sentirse atraído a amarle con un amor infinito, sin límites, sin regateos, sin división interior. Juan de la Cruz es el hombre que ya sólo vive para amar al que le ha amado primero con un amor infinito y que muere de ansias de poseer el objeto de su amor. Juan de la Cruz es, sencillamente, *un enamorado de Dios*: del Dios que, a la luz de la fe, se le ha impuesto como objeto único de su amor, por encima de todo lo demás, porque se ha sentido amado por él de una manera que no puede tener parangón con nada más. Desde entonces, todo su ser, con todo lo que es y tiene, lo que él llama sus apetitos y sentidos y potencias y capacidades espirituales, todo está poseído y dominado por una pasión de amor que deja pálida aquella «locura divina» o aquel «entusiasmo» de que hablara Platón.

Como dice en uno de sus más bellos versos, siempre «está de vuelo», con un volar audaz y recto hacia aquella última Realidad que es la única que verdaderamente le merece este nombre. Es el enamorado cogido en las redes del amor infinito de Dios, que siente la necesidad incontenible de amar como él mismo se siente amado. Por esto, es el hombre que parece ciego a todo lo que no sea su Amor: por El está dispuesto a todo, a pasar por todo, a despreciarlo todo, a aniquilar todo con tal de no desviarse, ni en lo más mínimo, en el vuelo directo por el que tiende hacia el único objeto de su amor.

El ímpetu de su vuelo es, realmente, para causar pasmo y vértigo, sobre todo a los que, al contemplarlo, nos sentimos lastrados e impedidos con tanta carga de afanes efímeros y, perezosos, ni siquiera nos atrevemos a intentar desembarazarnos de nuestros fardos para iniciar el despegue de la existencia fútil y yerma en que nos hallamos postrados.

Esta pasión de Dios -aliento de toda la obra sanjuanista- se muestra mejor que en ninguna otra parte en aquel grito vehemente e incontenido con que el místico inicia el *Cántico Espiritual*:

> ¿A dónde te escondiste,
> Amado, y me dejaste con gemido?
> Como el ciervo huiste,
> habiéndome herido:
> salí tras ti clamando, y eras ido (90).

En esta petición, el alma, enamorada del Verbo Hijo de Dios, desea y pide *«unirse con él por clara y esencial visión* y propone sus ansias de amor querellándose a él de la ausencia». La audacia de esta petición y de esta querella aparece, a primera vista, desmesurada. ¿Cómo puede la criatura pedir y exigir la «clara y esencial visión» de Dios? ¿No es éste un acto que está absolutamente por encima de su condición? Así sería si no fuera porque, sintiéndose herida por el *amor*, la criatura ha dejado todas las cosas y a sí misma con tal de poseer al Amado para que, ahora, todavía, tenga que padecer su ausencia. El alma que así puede atreverse a querellarse en el *Cántico* es el alma que «herida de amor», «en amores inflamada», ha pasado por la «noche oscura», «ha salido de todas las cosas creadas y de sí misma», «dejando ya su casa sosegada». Es la herida de Dios la que provoca en el alma tales audacias:

«porque, para vencer todos los apetitos y negar los gustos de todas las cosas [...] era menester otra inflamación mayor de otro amor mejor, que es el de su Esposo, para que, teniendo su gusto y fuerza en éste, tuviese valor y constancia para fácilmente negar todos los otros» (91).

Cuando el alma ha sido herida con el amor de Dios, no puede menos que pedir «la manifestación de la divina esencia», porque

«por grandes comunicaciones y presencias y altas subidas y noticias de Dios que un alma en esta vida tenga, *no es aquello esencialmente Dios ni tiene que ver con él*, porque todavía la verdad le está al alma escondida» (92).

Este «conocimiento esencial» o «verdadero» de Dios como es en sí es lo que el alma herida del amor de Dios desea y anhela, porque el amante no puede contentarse con menos que la posesión real y plena del amado, más allá de todas las figuras, representaciones o mediaciones. Es este anhelo el que impulsa al alma a desprenderse y dejar atrás todas las cosas que no son Dios, hasta el punto de querer dejar la vida mortal y la condición temporal que se le presentan como impedimento para conseguir lo que anhela. Juan de la Cruz supo muy bien que este anhelo no llegaría jamás a cumplirse perfectamente en esta vida; sin embargo, le sirvió como impulso para «*llevar a lo alto de Dios, cual en esta vida se puede*». Y si en esta vida no se puede llegar plenamente a ver a Dios como es, espera por lo menos llegar a lo que él llama «*unión de amor de Dios esencial*», en la que de manera inefable

«no se comunica Dios al alma mediante algún disfraz de visión imaginaria, o semejanza, o figura [...] sino que boca a boca, esto es, esencia pura y desnuda de Dios -que es la boca de Dios en amor- con esencia pura y desnuda del alma, que es la boca del alma en amor de Dios» (93).

Si es demasiado pedir en esta vida la «visión esencial» y posesión clara y plena del Amado, le parece al Santo que por lo menos, mientras espera ser definitivamente liberado de las ataduras y embarazos de la condición mortal, puede aspirar a una «unión de amor esencial», en la que más allá de los disfraces, figuras, semejanzas y representaciones humanas -que de ninguna manera pueden comunicar el rostro vivo y la realidad de Dios- se dé este «boca a boca» de la esencia pura de Dios con la esencia pura del alma: unión que aunque sea todavía oscura -pues no hay visión- sea segura -pues es real-; y aunque no sea total y definitiva, es como un anticipo cierto y verdadero de la comunicación total y comienza a producir realmente aquellos efectos beatificantes que tendrán su colmo en la posesión perfecta.

Tal es el «vuelo» al que se siente arrebatado el espíritu que ha sido herido de muerte con el dardo del amor de divino, «sin otra luz y guía, sino la que en el corazón ardía». Es un vuelo que no tendrá descanso ni término más que cuando con la muerte, se cumpla el anhelo que lo alienta:

> Descubre tu presencia
> y máteme tu vista y hermosura:
> mira que la dolencia
> de amor ya no se cura
> sino con la presencia y la figura (94).

Pero aunque la meta definitiva está así ubicada en la trans-temporalidad, el impulso de amor que hacia ella lleva actúa a través de toda la existencia temporal del espíritu y le imprime un dinamismo singular.

Evidentemente, son muchos los espíritus que a lo largo de la historia se han entregado a la aventura de ese «volar» hacia Dios, al impulso de su amor y han sido arrebatados por ese dinamismo incontenible. Lo absolutamente singular del caso de San Juan de la Cruz es su extraordinaria capacidad para analizar este dinamismo interior del espíritu y para expresar los resultados de sus análisis con unas formas de expresión que admiran por su diafanidad, por su inigualable vigor y por su coherencia. Por esto San Juan de la Cruz no es sólo un gran místico, o un gran apasionado de Dios: es también un gran maestro de espíritu capaz de iluminar y conducir a los que se dispongan a ponerse en trance hacia la experiencia del amor de Dios, pues él ha descubierto y penetrado en su vuelo lo que constituye la esencia de las relaciones entre el espíritu humano y Dios.

La intención de la obra sanjuanista es pedagógica o psicagógica. El autor quiere hacerse acompañante y guía, poniendo su experiencia al servicio de los demás. Es, en expresión de Maritain, un «práctico» de la unión con Dios. Por esto, en estas obras alternan las descripciones de las diferentes etapas por la que el alma debe pasar, con las exhortaciones a seguir por el camino sin amedrentarse por las dificultades que pueden encontrarse. Sin embargo, hay que tener presente que lo esencial es la atracción del mismo Dios que eleva al espíritu humano desde su condición temporal y limitante a la participación de la vida de Dios como es en sí. Ayudar a descubrir la fuerza de este dinamismo unitario latente en todo ser humano, será el principal objetivo en la obra sanjuanista.

El alma del hombre -dice San Juan de la Cruz- se encuentra habitualmente embarazada y enredada de muchas maneras: tiene muchos apetitos, aprehensiones, gozos, temores y toda suerte de relaciones con cosas que no son el último objeto de su amor y que la ocupan y le impiden entregarse libre y plenamente a Dios. Cuando el alma, herida de amor, decide arrancarse de los objetos y de los lazos mundanos que la alejan del objeto de su amor, experimenta dolor y desgarramiento. Entra en un proceso trabajoso y penoso, en un despiadado «despojamiento», en el que el alma tiene la sensación de perderse a sí misma en la oscuridad de lo insólito y aún de la nada. Sin embargo, el anhelo de encontrarse «boca a boca» con Dios, la sostiene y la impulsa.

Las dos grandes obras sanjuanistas, la *Subida al Monte Carmelo* y la *Noche Oscura* del alma tienen como objeto describir el largo y complejo proceso de despojamiento del alma hasta que se encuentra a sí misma «en su pura y desnuda esencia» ante Dios o, mejor dicho, en Dios, en el «boca a boca» de la unión con Dios. Son como el itinerario de un ignorado camino interior, por el que el hombre sale a la búsqueda de sí mismo, de las últimas profundidades

-o las más elevadas cimas- de su ser, hasta llegar a encontrarse con que estas profundidades o cimas de su ser son nada menos que las profundidades y las cimas del Amor absoluto de Dios que se le entrega de una manera inefable, pero real, indubitable y beatificante.

1. El hombre, un ser para la felicidad

Según San Juan de la Cruz, la característica común a todos los seres humanos es el deseo de alcanzar la felicidad suprema. Así, todos los hombres -afirma el místico- quieren experimentar *aquí y ahora* el placer, el goce y la alegría; quieren conservarse, permanecer en buen estado de salud, vivir plenamente y en el fondo de estos anhelos está la esperanza de experimentar la *felicidad suprema*. Pero, al mismo tiempo que el hombre desea y busca la felicidad, también experimenta dolor, frustración y limitación. La conciliación del dolor y la alegría, dice San Juan de la Cruz, permite la felicidad en esta vida; es decir, una anticipación de la felicidad que muchos esperan después de la muerte.

Sin embargo y a pesar de su propósito pedagógico, al místico carmelita no le interesa ahondar en explicaciones de cómo «permanecer en buen estado de salud». Más bien desea profundizar en las explicaciones que permitan conocer un *camino práctico* para llegar a la «salud cumplida» que para él es lo mismo que el *amor*. Así, el dinamismo unitario que atraviesa todo el mensaje de las «Noches» con sus distintos estadios y formas podría resumirse en un principio a la vez sencillo y profundo: la vida y el amor plenos sólo se encuentran en el Absoluto y *El exige ser amado, deseado y buscado absolutamente*. Las «Noches» constituyen el camino por el cual el alma ha de «ponerse en vuelo» hacia aquel que es «la salud y el bien absolutos» y por ello mismo ha de arrancarse de todo aquello en lo que se hubiere posado como en su bien. Visto desde esta perspectiva, el propósito de San Juan de la Cruz no es escribir tratados teóricos de espiritualidad, sino de plasmar sus experiencias mediante una poesía llena de significación humana que conducen al *amor*, secreto de la salud y bienestar psicológico de nivel óptimo.

La obra de San Juan de la Cruz viene a ser como una exposición de los principios y de las actitudes que el hombre ha de mantener para acoger la amorosa donación que Dios hace al hombre: el *Espíritu Santo*, amor infinito. De ahí la insistencia en la necesidad de despojarse de todo apetito y gusto que de alguna manera fije al alma fuera de Dios, pues «el que pone su contento en algo menos que Dios se cierra para acoger a Dios» (95). De ahí la amonestación a rebasar todas las mediaciones representantivas ya que éstas no pueden ser medio adecuado de la comunicación del Absoluto, pues, sólo en la acción real e inmediata del mismo Dios que es recibida en el hombre por una acción elevadora y transformadora del mismo, lo introduce en el ámbito de la vida intradivina. La realidad de esta comunicación se expresa ocasionalmente en Juan de la Cruz con otra clave simbólica: Dios no es sólo «luz cegadora», sino también «voz infinita», que en su infinitud sólo puede ser oída en el silencio: «Una palabra habló el Padre, que fue su Hijo, y ésta habla siempre en eterno silencio, y en silencio ha de ser oída por el alma» (96). Dios puede comunicarse al hombre más allá de las figuras, mediaciones o representaciones, porque tiene en sí mismo -es en sí mismo- Voz, Palabra y Comunicación, autoexpresión de sí total, adecuada y exhaustiva: El mismo tiene y es en sí la realidad y el medio, la fuerza y eficacia de su autoexpresión y es así, comunicación de presencia actuante, vivificante, transformante.

Una manifestación -advierte San Juan de la Cruz- de que el alma ha logrado arrancarse de todo aquello que la ata a cosas que no sean el objeto de su amor, es el «deleite», que es una especie de «felicidad meta» de la existencia humana y que tiene mucho de sensible, concreto y corporal. El «deleite» no es la felicidad del «más allá» de la religión, sino es la plenitud que la persona puede llegar a experimentar aquí en la tierra, en la existencia personal. El «deleite» es la unión sobrenatural con Dios en esta vida, una anticipación de la beatitud, una especie de pregunta en este mundo de lo que será la contemplación de Dios en la otra vida.

El «deleite» o «alegría total» es la finalidad que Cristo quiere para los hombres en la tierra. Este mensaje puede sintentizarse en el siguiente mensaje de Jesús: «Como el Padre me amó, yo también os he amado a vosotros; permaneced en mi amor. Si guardáis mis mandamientos, permaneceréis en mi amor, como yo he guardado los mandamientos de mi Padre y permanezco en su amor. Os he dicho esto para que compartáis mi *alegría* y así *vuestra alegría sea total*. Este es el mandamiento mío: que os améis unos a otros como Yo os he amado» (97).

El alma que ha implorado el advenimiento del Espíritu a su interior deseando la *«unión de amor»* con Dios, se siente «consolada» por este mismo Espíritu que viene y toma posesión de su ser y lo habita colmándolo de paz y de una «delicia» inexpresable: momento fugaz sin lapso cronometrable, destello del cielo, felicidad impalpable, pero cierta, verdadera, auténtica, suprasensorial.

La alegría total se fundamenta en la existencia de una realidad trascendente que sustenta y anima al hombre, y es una de las realidades humanas que más hondamente penetran en la persona, beneficiándola con su vivir consciente y comprometido. La presencia de esta alegría total sana toda enfermedad, hace que el hombre viva presente en el aquí y ahora, borra los resentimientos de un pasado que ya dejó de existir, lo libera de la angustia que le provoca el futuro incierto y le abre un horizonte lleno de plenitud y felicidad. Por esta alegría total el ser humano irradia luz y claridad. En cambio, el panorama del ser humano triste está lleno de nubes y obscuridad, melancolía y sin sentido.

El que es feliz no se siente amenazado por las eventualidades de la existencia y vive en una atmósfera acogedora y familiar que le permite realizar sus aspiraciones, sin pensar en el fracaso y la susceptibilidad del amor propio. La alegría hace que el individuo reconozca el valor intrínseco de las personas, de los bienes trascendentes y de las cosas, descubre el placer de vivir y es abierto, sociable y colaborador.

Es muy importante saber que la «felicidad profunda» es inherente al propio ser, por lo que no se tiene que adquirir ningún objeto para experimentarla. El camino para vivenciarla es el desarrollo de las potencialidades -según el Enfoque Humanista Existencial y la Psicología Transpersonal- de la naturaleza humana. Estas potencialidades o «apetencias», según San Juan, están instaladas en el propio ser. Gracias a ellas el hombre aspira ontológicamente a una felicidad infinita y son la causa de un «ansia o hambre de un valor sumo», que sólo pueden llenarse con «infinito». Estas «cavernas» son las potencias innatas de todo ser humano: memoria, entendimiento y voluntad, «las cuales son tan profundas cuanto grandes bienes son capaces, pues no se llenan con menos que infinito» (98). Nada ni nadie, excepto Dios, puede colmar la sed de felicidad que siente el hombre. Sólo El tiene la medida adecuada para dar un sentido -deleite- a la vida temporal. Sin embargo, hay que aclarar que el alma no anhela el Infinito porque lo proyecte como término de sus sueños ideales, sino que es capaz de proyectarse al Infinito porque está ya desde lo más hondo de su ser poseída de Infinito, atraída y dominada por él.

San Juan de la Cruz concibe la personalidad como un conjunto unitario formado por dos polaridades. En la polaridad inferior del hombre, que es sensitiva, residen los sentidos y los afectos. Los sentidos pueden ser *externos* -oír, gustar, ver, oler y tocar- e *internos* -la imaginación y la fantasía-. En ocasiones, el carmelita incluye en los externos a la memoria, en otras, la coloca dentro de las funciones de la racionalidad.

Para San Juan de la Cruz, tanto los sentidos externos como los internos son importantes. Por un lado, los externos nos ponen en contacto con la realidad recibiendo los estímulos del medio ambiente; por el otro, los internos elaboran imágenes y representaciones de lo percibido por los externos. Así, tanto las sensaciones como las imágenes son la materia prima de la racionalidad, la cual tiene la función de interpretar dichas sensaciones internas o externas.

Los afectos, al igual que los sentidos, corresponden a la polaridad inferior; por esta razón y, de manera constante, el hombre se siente afectado tanto por las necesidades o apetitos como por las emociones o pasiones. Por los apetitos, el hombre se siente impulsado a buscar los bienes o valores que necesita para la vida. Estos apetitos pueden ser de diversa índole: *físicos* -como por ejemplo vestido, comida, techo-, *psicológicos* -como por ejemplo aceptación, autoestima, amor-, *espirituales y trascendentales* -como por ejemplo la justicia, la bondad, la belleza y, sobre todo, al que es todo esto en grado sumo: Dios-. La consecución de éstos últimos por parte del hombre, le permiten experimentar el «deleite supremo».

Cuando el ser humano experimenta una necesidad o apetito se siente movido a buscar el valor o satisfactor correspondiente. El encuentro con el bien produce un eco afectivo o «emoción». Asimismo, el místico carmelita, llama a estos «ecos afectivos» pasiones o afecciones. Cuando el encuentro con los valores o «ecos afectivos» producen un efecto menor al que pudieran provocar las emociones o pasiones, entonces, San Juan de la Cruz les llama sentimientos o actitudes como por ejemplo la alegría, la esperanza, el amor, el optimismo, etc.

En la polaridad superior del hombre, se encuentra la racionalidad o dimensión espiritual del propio ser. Situada en el centro mismo del hombre, puede -según San Juan de la Cruz- desarrollarse cuando se pone en relación con Dios. Una función fundamental de esta polaridad superior es el pensamiento que se comporta de manera semejante a los ojos. «Por medio de los ojos corporales todo lo que es visible corporalmente les causa visión corporal, así a los ojos del alma -que es el entendimiento-, todo lo que es inteligible le causa visión espiritual, pues como hemos dicho, el entendimiento es verlo» (99). Por esta razón, para el místico, el pensamiento es de suma importancia, pues la posibilidad de alcanzar y vivir en la felicidad total depende de la calidad de los pensamientos que el hombre albergue y desarrolle: los pensamientos positivos le darán felicidad; los negativos, sentimientos de tristeza y enojo.

De aquí que San Juan de la Cruz recomiende el ejercicio y fortalecimiento del pensamiento positivo a través de la razón, pues, es el ejercicio práctico del pensar. Mediante este ejercicio constante, el hombre aprenderá a discernir y juzgar el valor de las cosas, personas y acciones liberándose de todo aquello que no le permita elegir el Bien y actuar de acuerdo a lo elegido.

Según San Juan de la Cruz, Dios prefiere que el hombre haga uso de la razón y que no espere de su parte revelaciones sobrenaturales. Si ya le dio al hombre «el sol de la razón natural», no tiene que esperar a que la divinidad le «hable». Por eso, el empleo de la razón natural, cuando se convierte en diálogo, es un camino para encontrar la verdad.

Otra función de la polaridad superior que sirve de apoyo y complemento a la razón es la memoria: «Es como un archivo y receptáculo del entendimiento, en que se reciben todas las formas e imágenes inteligibles; y así como si fuese un espejo, las tiene en sí, habiéndolas recibido por vía de los cinco sentidos» (100).

La alta estima que tiene el místico de la memoria se debe a la «capacidad de posesión» que hay en ella. Ahí el hombre conserva todas las experiencias vividas a lo largo de la vida, el aprendizaje y la historia tanto personal como cultural; así, todo lo que el hombre posee, lo posee gracias a la memoria. Pero así como se quedan en la memoria aprehensiones positivas que lo ayudan en la vida, también se pegan al alma datos o noticias que le causan turbación, confusión y pesar privándola de muchos buenos pensamientos y consideraciones acerca de Dios. Por ejemplo, las experiencias dolorosas del pasado pueden atormentarlo en la actualidad porque las mantiene en la memoria sin haberlas asimilado. De ahí que San Juan de la Cruz recomiende la purificación del alma de todas las impertinencias que la alejen del amor de Dios.

En términos de la Psicología Transpersonal, podrá hablarse de un proceso educativo o formativo que permita al ser humano un constante y continuo «ajuste» del «sí mismo» para que llegue alcanzar la «congruencia» y, sobre todo, para que aproveche estas experiencias dolorosas constructivamente.

La tercera función de la racionalidad es la voluntad, que es el ejercicio de la libertad personal. La fuerza para llevar a cabo esta potencia sale de las emociones. El Santo piensa que una vez que el hombre encuentra los valores que necesita, con la voluntad aprovecha y orienta las motivaciones.

En su *Comentario*, San Juan de la Cruz utiliza el concepto de «alma» en lugar del concepto del «yo» para referirse a la persona total. El alma es «centro personal» donde los distintos niveles de las operaciones del alma se llevan a cabo. El alma puede operar en el nivel de los sentidos corporales, o en el de las potencias espirituales; pero hay todavía un nivel más profundo, en el que sin propiamente actuar ella por sí, puede verdaderamente recibir y acoger la operación de Dios en ella y con ella, de suerte que en este «centro profundo» del alma todos los movimientos son a la vez de Dios y de ella. Por esto, este «centro» podrá llamarse en San Juan de la Cruz «infinito», porque no puede, en esta vida, plenamente colmarse. Así, San Juan de la Cruz concibe al ser humano como un conjunto dual o bipolar que posee un «infinito centro substancial» en donde operan las diversas dimensiones del alma.

Cuando el hombre, atraído por el Infinito, penetra en su «centro personal» para encontrarse amorosamente con Dios mediante la oración, la conciencia y el corazón se expanden espiritualmente. El hombre vive de veras, se colma de las delicias que el Espíritu Santo derrama en su interior, se llena de luz y sabiduría, y siendo amado en plenitud, el gozo lo invade. Maravilloso encuentro que impregna la vida humana de felicidad y sentido.

Lo más hermoso de este *encuentro espiritual* es el dinamismo que nace de una mutua atracción: «si el alma busca a Dios, mucho más la busca su Amado a ella: y si ella le envía a él sus amorosos deseos […] El a ella le envía el olor de sus ungüentos, con que la atrae y la hace correr hacia El» (101). Este dinamismo provoca, asimismo, una tensión que da a la vida humana dimensiones insospechadas y que Juan de la Cruz ha sido capaz de expresar mediante símbolos vigorosos, ricos y variados. El alma, dice el místico, no sólo está «en ansias de amores inflamada», sino que tiene «una luz y guía […] la que el corazón ardía», tras el que le «esperaba […] en parte donde nadie parecía». Por esto el alma «gime», «está herida», «llagada», «adolece», «pena y muere», «buscando sus amores». Es una situación en que el alma vive «no viviendo donde vive» y «muere porque no muere», acosada por «las flechas del Amado». Está «de vuelo»: está «con dolencia de amor que no se cura sino con la presencia y la figura» (102).

El esquema siguiente sintetiza los elementos más importantes expuestos hasta el momento:

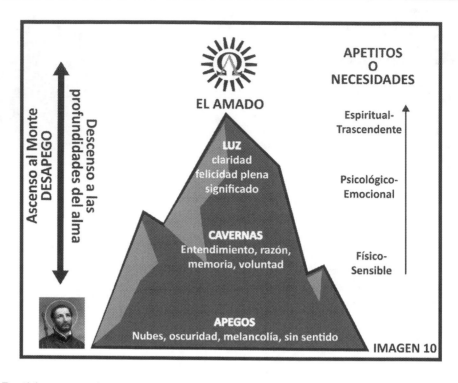

Posiblemente, el momento supremo de esta tensión hacia el Infinito se halla en aquellas «*Canciones a lo divino*» en las que el impulso hacia Dios es tan arrebatado que el místico parece haber llegado ya al sentimiento de que ha alcanzado su inefable objeto: «Cuanto más alto llegaba [...] más abatido me hallaba: / dije: / No habrá quien alcance: / y abatime tanto, tanto, / que fui tan alto, tan alto / que le di a la caza alcance» (103).

En las primeras estrofas de la *Llama*, se pueden observar una serie de exclamaciones e imágenes que expresan la intensidad de la presencia de Dios mismo en el alma y sus efectos: «¡Oh llama de amor viva! [...] ¡Oh Cauterio suave! [...] ¡Oh regalada llaga!». En su *Comentario*, San Juan de la Cruz explica cómo el cauterio del fuego material «en la parte do asienta siempre hace llaga, y tiene esta propiedad, que, si asienta sobre llaga que no era de fuego, la hace que sea de fuego. Y esohace este cauterio de amor, que en el alma que toca, ahora esté llagada de otras llagas de miserias y pecados, ahora esté *sana, llagada de amor*» (104). Por esto el efecto que hace este cauterio, aunque es el de llagar, *es llagar para sanar*. Hermosísimo encuentro de amor salvífico en el que Dios levanta y transforma al hombre hasta darle su condición primera: ser hijo. Hermosísimo encuentro pedagógico donde Dios «suave y al modo del alma» guía y acompaña al hombre a «pasar el límite» y, abandonando «su modo», entre «en lo que no tiene modo» (105). Es decir, «transponiéndose a todo lo que espiritual y naturalmente puede saber y entender, ha de desear el alma con todo deseo venir a aquello que en esta vida no puede saber ni caer en su corazón» (106).

Si San Juan de la Cruz insiste en que para penetrar en lo más hondo del abismo de la fe hay que pasar por el umbral de la noticia general y confusa de Dios, insiste también en que esta noticia ha de ser «amorosa». Es decir, si el hombre, en su esfuerzo por entender las noticias de Dios, no consigue claridad y distinción, éstas serán suplidas por la fuerza y el calor del amor; pues, la verdadera unión con Dios sólo puede tener lugar «en mi alma, el más profundo centro». Y el «más profundo centro» no es el entendimiento, sino el amor: lugar de la comunicación inmediata y vital.

La presencia, dinámica y activa, de Dios en el hombre, le permite encaminarse hacia la felicidad; pues, al percibir que, por encima de la cuadrícula que encierra su vida, se halla una dimensión mucho más profunda que da plenitud y sentido a su existencia, el hombre ya no se conforma con menos. Por eso, puede decir con toda libertad: «Fue dichosa ventura meterme en esta noche [...] Esta salida es el impulso del Amor que inflama mi interior» (107). La vivencia de este Amor infinito, acrecientan en el hombre sus deseos de acercarse, cálida y amorosamente, a todos los demás seres de la creación, los cuales son, finalmente, sus hermanos.

Según el místico, «tres maneras de presencias puede haber de Dios en el alma. La primera es *esencial*, de esta manera no sólo está en las más buenas y santas almas, también se encuentra en las malas y pecadoras y en todas las demás criaturas. Con esta presencia nos da vida y ser, y si ésta les faltare, todas se aniquilarían y dejarían de ser. La segunda es por *gracia*, por la cual mora Dios en el alma, con agrado y satisfecho de ella. Y esta presencia no la tienen todas, porque las que caen en pecado mortal la pierden. La tercera es por *afección espiritual*, porque en muchas almas devotas suele Dios hacer algunas presencias espirituales de muchas maneras con las que recrea, deleita y alegra» (108).

2. Infeliz, esclavo y cautivo

El hombre es un ser único e irrepetible; responsable, libre y capaz de aprender a amar. Posiblemente de entre estas características la principal sea la libertad, pero muy unida con la responsabilidad, que compromete al hombre a hacer un uso adecuado de ella. Es tan importante ejercer la libertad que cuando el hombre la elimina, la vende o la encadena, degrada su condición de persona, se vuelve infeliz y pone en peligro su equilibrio total.

Cuando el ser humano se ata a alguna persona o cosa, pierde su capacidad de experimentar lo infinito y se convierte en esclavo. Un ejemplo de esta situación, según San Juan de la Cruz, sería el avaro que sustituye su núcleo personal por el dinero. La realidad entera, su familia, amigos, sociedad, humanidad, el universo y su vida misma han sido manipulados por el afán de la riqueza. Al sustituir su núcleo personal por el dinero, se constituye a sí mismo en el «centro del universo» y aleja a Dios de su existencia que, desde ese momento, vive en el vacío y en la infelicidad.

Esta adicción por el dinero, al igual que cualquier otra dependencia, distorsiona la relación con el único absoluto, que es Dios. Al caer en una adicción o dependencia, el individuo cambia el verdadero apetito espiritual por un absoluto falso, tratando al verdadero absoluto como algo relativo; es decir, reduciéndolo a un objeto más.

Cuando el ser humano desarrolla una dependencia afectiva o existencial, las criaturas del mundo se convierten en cadenas del propio ser y dejan de ser necesarias y buenas para vivir. Al deidificar a las criaturas, se sustituye a Dios por ellas y se sacrifica el máximo deleite por la dependencia misma. Así, mientras el hombre no corte, sinceramente, de raíz y desde el corazón toda dependencia, no podrá encontrar la libertad en y con Dios.

Las adicciones humanas -el sexo, el placer, el juego, el poder, etc.- tienen como base una necesidad o tendencia vital, sea la conservación del organismo o su reproducción. Lo que el Santo recomienda es que la satisfacción de dichas necesidades vitales no sea exagerada o desmedida, ya que esto es lo que pone en juego la propia libertad y, con ello, la decisión de unificarse consciente y amorosamente con la divinidad.

Los apetitos llenan de angustia y tormento cuando dominan al hombre y lo empujan, con desesperación, a la búsqueda del satisfactor. Con la satisfacción del apetito se experimenta, momentáneamente, gusto y tranquilidad, pero como el apetito es un barril sin fondo, nunca se satisface totalmente y, en su insatisfacción, esclaviza al hombre alejándolo del verdadero satisfactor de la felicidad plena que es Dios.

San Juan de la Cruz afirma que las adicciones dominan y controlan la racionalidad personal. Y si el pensamiento, del que dependen otras funciones psíquicas está confuso o ciego, es normal que éstas resulten trastornadas en sus operaciones. Ya en otra parte de esta investigación se apuntó que la persona, al ser incapaz de reconocer, con claridad sus mundos externo e interno, vive la incongruencia; la discrepancia entre la realidad externa y lo que subjetivamente se experimenta ha llegado a tal punto que la persona no es capaz de funcionar. Según Rogers, «esta ambivalencia no es insólita ni malsana, pero no ser capaces de reconocerlo o de afrontarlo produce tensión, angustia y, en casos extremos, una confusión interior» (109). Salir de este cautiverio interior que, en ocasiones aplasta, es vivir la libertad y la congruencia.

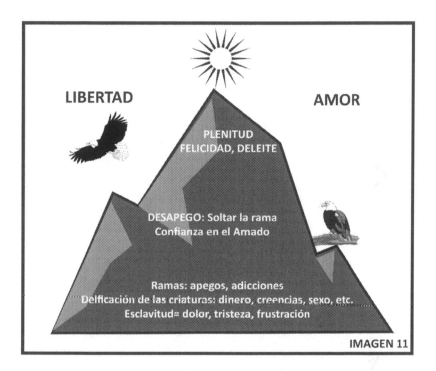

IMAGEN 11

3. Libertad para amar: camino de felicidad

El camino de desarrollo espiritual que San Juan de la Cruz muestra para alcanzar la felicidad profunda en esta vida es un largo proceso en el que podemos distinguir seis etapas:

    a. Principiantes
    b. Noche oscura de la sensibilidad
    c. Aprovechados
    d. Noche oscura de la racionalidad
    e. Perfectos
    f. Vida eterna en esta tierra

El mensaje de San Juan de la Cruz se funda en un hondo sentido de la realidad concreta. Es decir, si por un lado insiste en que el hombre, para encontrarse con Dios, necesita «despojarse» de todas sus apetencias y afecciones; por el otro, valora todas sus experiencias pues las considera como parte fundamental en el proceso hacia el encuentro divino; sin embargo, deja muy claro que es indispensable trascender estas experiencias para «alcanzar la comunicación con Dios».

Esta necesidad de trascender el plano puramente humano para «alcanzar a Dios» no es fruto de un juego de azar. Es sí, una experiencia real que nace desde el «centro personal» del hombre. Y es que *el hombre concreto* -material y temporal- lleva en sí la semilla de lo divino y, aunque limitado por su materialidad y temporalidad, está orientado y llamado a levantarse sobre estas condiciones y entrar en plena comunión con aquél de quien procede. Experiencia que puede resumirse en la célebre frase agustiniana «Nos hiciste, Señor, para Ti, y nuestro corazón no podrá tener descanso hasta que descanse en Ti» (110).

Vista desde esta perspectiva, la aventura humana es la de una *recirculatio*, la de un proceso dinámico por el que el hombre sale de Dios para volver a El. En esta concepción el hombre es, pues, un ser dinámico, con un dinamismo que tiende al infinito: es decir, el hombre jamás es sólo lo que pueda ser en una situación o desde un aspecto determinado, sino el que está siempre en camino, en proceso, en exigencia de ser más de lo que es, hasta que llegue a ser el recipiente y partícipe de la vida de Dios mismo.

Por esto resulta inadecuada toda definición estática del hombre que quiera definirlo desde una situación determinada: del hombre sólo puede haber una definición dinámica: es el ser que lleva en sí un dinamismo divino, que podría decirse que responde a la vez al «empujón» inicial y constitutivo -que es su creación por Dios- y a la «atracción» final y perfectiva -que es la voluntad de Dios de incorporarlo a su propia vida.

Por eso mismo, toda experiencia humana, mientras dura este proceso, tiene el carácter de *mediación*; es decir, es algo en sí válido y necesario, pero para ser *rebasado*. Si el hombre intenta detenerse en cualquier momento o aspecto de este proceso, automáticamente intenta con este acto, parar y destruir este dinamismo. Toda la severa ascética sanjuanista de las «nadas» y los despojamientos nace de esta intuición básica. Sólo el que supera los «modos» de pensar, juzgar y actuar «del niño pequeño» llega a ser adulto. Afirmación que, aunque lejana en el tiempo, es real, concreta y actual en nuestros días. ¿No es acaso esta afirmación fundamental en las Psicologías Humanista y Transpersonal?

Así, es *desde su creaturalidad* que Dios «va perfeccionando al hombre al modo del hombre, desde lo más bajo y exterior, hasta lo más alto e interior» (111). En este proceso de crecimiento, de ninguna manera, sustituye Dios a la criatura, como anulándola, sino que la atrae hacia sí desde su condición aunque en este movimiento de subida, el ser humano se experimente como «aniquilado». Las «nadas» de San Juan de la Cruz jamás son a nivel solamente ontológico como en otras místicas desconocedoras de la creación divina, sino a nivel intencional: expresan el dinamismo inscrito por Dios en el corazón del hombre con respecto a la creación, por el que ha de ir superando todo efecto de lo creado, para ir subiendo así, «como por una escala» a la plenitud humana, por un lado, y a la Plenitud -que es Dios-, por el otro.

Así, nadie puede llegar a Dios prescindiendo de su vida concreta material y temporal. Es desde la creaturalidad como vamos a Dios. Es nuestra condición creada y nuestra relación con las criaturas lo que nos enciende «el hambre de Dios». No se puede prescindir de la consideración de lo creado, aunque tal consideración haya de ser ciertamente rebasada: «A los principiantes son necesarias estas consideraciones […] para ir enamorando al alma por el sentido […] pero es necesario que pasen por ellos y no se estén siempre en ellos» (112).

En su *Noche oscura*, San Juan de la Cruz sugiere que este proceso de liberación espiritual es como una *muerte*, donde es necesario morir diariamente a todo aquello que estorba al alma y no le permite *amar*. Pretender amar y buscar a Dios, manteniendo a la vez aprehensiones distintas a Dios, implica un desconocimiento de la realidad de Dios, una negación de Dios como absoluto necesariamente único e imparangonable con cualquier otra realidad. Las «Noches» no son más que la contracara de aquel impulso exclusivo y totalizante por el que Dios como único Bien Supremo atrae al hombre hacia sí y el hombre se siente total y exclusivamente atraído hacia Dios. Si Dios llega a afirmarse en el alma como lo que realmente es, como Bien Absoluto único y total, automáticamente quedan en la noche de lo no-absoluto todo lo que pudiera parecer un bien aparte de Dios. El alma tendrá que «ponerse en vuelo» hacia aquel Bien Absoluto y, por ello mismo, arrancarse de todo aquello que consideraba un bien: «En esto se conocerá el que de veras a Dios ama, si con ninguna cosa menos que El se contenta» (113).

San Juan de la Cruz, por razones pedagógicas, divide las «Noches» en dos: la *noche activa* y la *noche pasiva*. La primera, nace de la iniciativa personal y expresa el esfuerzo que el alma hace para despojarse de todo afecto que no sea de Dios. La segunda, expresa cómo este despojamiento no puede ser perfecto si no es Dios mismo que el que viene, con la donación inefable de su amor, en ayuda del alma, purificándola con la virtud de su fuego divino: «Recogiendo Dios las fuerzas, potencias y apetitos del alma, tanto espirituales como sensitivas, las hiere con su inefable amor dándoles armonía [...] Así purificadas, las fuerzas, potencias y apetitos, cumplen de veras con el primer precepto: Amarás a Dios con todo tu corazón, con toda tu mente, con toda tu alma y con todas tus fuerzas» (114).

La *noche activa* de la sensibilidad consta de tres pasos: renuncia, sustitución y fortalecimiento. Renunciar significa dejar de lado el gusto o placer que viene del «contento» que se encuentra en los valores o bienes de este mundo. Este primer paso debe llevarse a cabo sin violencias, exageraciones o fariseísmos, y sin perder de vista que el mal no está en las cosas, sino en la libertad encadenada por el apego o apetito. San Juan recomienda darse cuenta que las cosas y las personas no dañan por sí mismas, pues ni el hombre entra en ellas ni ellas se meten materialmente en el hombre. Lo que resulta decisivo, entonces, es el ejercicio de la voluntad que decide depender de aquéllas, lo mismo que el apetito desmedido de las mismas.

Por su propia naturaleza, el ser humano siempre rechaza el vacío; razón por la cual el hombre se resiste a experimentar las «noches», pues en ellas, el hombre siente perder su «sí mismo», su identidad, su mundo, quedando como «vacío». Por eso las «noches» son dolorosas porque en cada una de ellas se da como una pugna entre el dinamismo y la resistencia que los distintos niveles de multiplicidad ofrecen.

Sin embargo, este aparente «hueco espiritual» que se experimenta por la renuncia, es ya una manifestación de la presencia de Dios en el alma, pues, «vaciado» y «en amores inflamado», el hombre sólo desea una cosa: ser llenado por Dios. Las «Noches» son, así, una crítica implacable de toda pretensión de las potencias naturales del hombre a alcanzar a Dios como es en sí; pero son, además, la afirmación de que en las potencias del hombre, transformadas y elevadas por el mismo Dios, puede recibirse verdaderamente la comunicación de Dios tal como es en sí.

Por eso, a las «noches activas» suceden las «noches pasivas»: a la negación de la pretensión humana de llegar a Dios por sí mismo, sucede la afirmación de la acción de Dios en el hombre por la que le hace capaz de su comunicación. Esta transformación en Dios no significa, entonces, fusión ni pérdida de la identidad personal, sino fortalecimiento del ser en el amor y la libertad infinitas, lo cual permitirá al hombre sentirse plenamente hermano de todos los hombres y ciudadano del universo.

La polaridad racional también requiere de ejercitar la renuncia. Esta polaridad se refiere al pensamiento y su uso sólo es posible a través de la razón. San Juan reconoce el papel fundamental de la razón y piensa que esta facultad es necesaria en el camino hacia Dios. Sin embargo, su uso tiene un límite, más allá de éste no se aprovecha porque sólo ofrece retratos de Dios; esto es, una mera descripción de El, que es infinito. Aún las Sagradas Escrituras revelan esta limitación ya que describen a Dios como amor, siendo que éste es mucho más que eso. El ama al hombre a cada momento con un amor mayor y distinto a lo que ésta frase expresa, por lo que San Juan de la Cruz pide trascender la razón por medio de la fe. Este es el primer paso que la razón debe dar en el proceso de renuncia.

Por lo que se refiere a la memoria, la recomendación es la misma: siempre que las obligaciones no la requieran, tienen que quedarse libre y vacía de recuerdos. Lo anterior, aparte de liberar de tormentos inútiles, fortalece al hombre en su proceso de autoposesión, en la libertad interior y en la serenidad. Esto es lógico, confía el Santo, ya que si los sentimientos dependen de los pensamientos y de los recuerdos, al escoger éstos de manera responsable, el hombre se sabrá libre. Este esfuerzo, dice San Juan, es un ejercicio de la voluntad por el que el ser humano se responsabiliza ante Dios de sus talentos individuales y de la libertad para amar.

La noche activa, como ya se mencionó, no se vive únicamente poniendo en juego las propias fuerzas. Dios se manifiesta y acompaña al hombre en este camino mediante las virtudes teologales: fe, esperanza y amor. A través de estas virtudes, Dios entra en relación con el hombre y profundiza su liberación y su experiencia del amor.

Por este método teologal de liberación, el hombre se centra en querer agradar a Dios y en practicar la fe, la esperanza y la caridad en todas las circunstancias de su vida, así como en dialogar con El por medio de la oración en sus dos formas principales: meditación y atención amorosa de Dios. La meditación es considerada como un paso previo para entrar en diálogo con Dios. En Occidente, esta práctica tiene características más racionales, combinándose el pensamiento con la imaginación y la fantasía. El objetivo de esta práctica es conocer a Dios y aprender a amarlo.

La atención amorosa es una respuesta a la seducción de Dios. Es el sí que la novia da al novio que lo espera con ansia. Es la constante atención que la amada tiene de los más sutiles movimientos del Amado. Es, en fin, un desbordado deseo de permanecer en Dios -el Amado- como un anticipo de las bodas místicas.

La atención amorosa se asemeja a los métodos orientales de meditación y tiene cuatro elementos básicos: el lugar -que en occidente puede entenderse como el corazón, el alma por excelencia-, la postura -que podría comprenderse como recogimiento, es decir, el acto por el cual el hombre se recobra como unidad-, la apertura del corazón -es la disponibilidad y anhelo de intimidad- y por último, ocupar el pensamiento con la fe para recibir a Dios -que puede entenderse como la confianza que el alma tiene de la presencia divina-. La atención amorosa es, así, una actitud de vida y para mejor comprenderla, basta con contemplar la figura de María, madre de Jesucristo.

El siguiente esquema pretende ilustrar lo dicho en este apartado y en los siguientes:

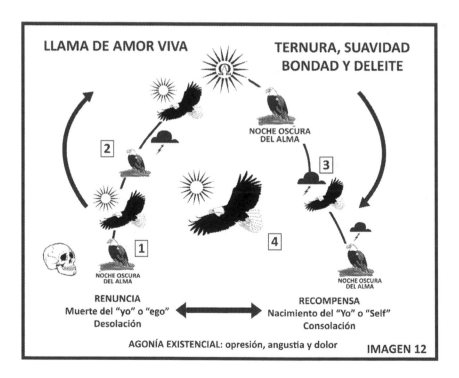

4. Receptibilidad ante el Dios liberador

Dice San Juan de la Cruz que cuando el esfuerzo personal que el hombre realiza no alcanza la libertad requerida para amar total e incondicionalmente, Dios sale a su encuentro y, sacándolo del estado de «principiante», lo lleva a «caminar de noche», donde el hombre debe soportar la sequedad del desierto;

experiencia que, finalmente, lo conducirá a la liberación. Esta prolongación de la «noche activa» se llama «noche pasiva del sentido» y consiste en que Dios sale a buscar al hombre y lo abraza con la luminosidad de su amor.

En esta etapa, el hombre aprende a caminar hacia el amor pleno por su propia decisión; consigue adentrarse en el dolor humano y en el sufrimiento, los cuales, gracias a la luz de la relación teologal, se convierten en valores que dan sentido a su vida. Gracias a la fe, la esperanza y el amor, las penas se convierten en un tránsito fugaz hacia la unión con Dios. Sin embargo, no todo sufrimiento o dolor forma parte de la experiencia de la «noche oscura». Cuando Dios observa que el hombre ha hecho todo cuanto podía por vivir *su* dolor a partir de las virtudes teologales, sale a su encuentro para brindarle la «gracia» o «contemplación» creando, así, una comunicación interpersonal o *encuentro*.

El efecto más inmediato de la «noche contemplativa» en la existencia del hombre es la capacidad de salir de una crisis dolorosa con el mayor de los bienes que se puede recibir: el amor hacia la creación y hacia el Creador. Otro de los bienes consiste en «salir de sí para unirse con Dios»: experiencia en la que el ego trasciende sus propias fronteras, reconoce sus defectos y admite que «sin Dios su valer y poder se reducen a nada».

El «conocimiento de sí» es muy importante para San Juan de la Cruz. Es éste un proceso de *toma de conciencia* o «*despertar*» que debe vivir el alma para alcanzar el conocimiento directo de Dios. El místico piensa que cuando el hombre reconoce su verdad y admite su sombra, evita proyectarla en los demás logrando, con este reconocimiento, un aprendizaje válido para su propia existencia. El identificarse con su sombra en esta «noche» permite, al hombre, fijarse en el lado positivo de los demás. Con esta actitud, nace en él la urgencia de amar al prójimo con el mismo amor con el que él es amado; experiencia amorosa que lo acerca, de manera inmediata y cierta, al amor de Dios: verdadero «secreto del camino nocturno».

Este proceso de desarrollo personal, se manifiesta clara y concretamente en una «nueva manera de ser». El hombre que vive esta constante «pascua» cambia el concepto que tiene de sí mismo, de las otras personas y del mundo facilitando una nueva relación; se convierte en una persona con mayor creatividad, espontaneidad y expresividad; siente que la vida merece la pena vivirse -aún cuando normalmente sea vulgar, gris, dolorosa o insatisfactoria- desde el momento que ha adquirido evidencia de la existencia de la belleza, sinceridad, diversión, bondad, verdad y plenitud; siente estar en la cima de sus poderes, estar utilizando todas sus capacidades en grado e intensidad óptimas; ama la creación y al Creador con el mismo amor con el que es amado y, sobre todo, su vida se convierte en una permanente búsqueda, de lo que en la Psicología Transpersonal se llama «conciencia unitaria».

5. Muerte radical de la infelicidad

Aún en esta etapa avanzada del caminar espiritual no se disfruta totalmente de la «felicidad profunda» fruto de la *clara y esencial visión*. La urgencia de poseer «la esencia divina» obliga al hombre a seguir caminando hasta liberarse de todo aquello que le impida el ejercicio efectivo y afectivo del amor.

Estos hombres que de este modo se encaminan hacia Dios son los «aprovechados». Estos hombres llevan una vida constructiva y comprometida con el bienestar de los demás seres humanos, luchan por la divinización del mundo y el contento teologal con Jesucristo. Se experimentan a sí mismos como un proceso viviente y co-partícipes en la construcción de la historia humana. Pero aún así, no están del todo limpios y puros, aún quedan algunos «velos o nieblas» que deben rebasar; es decir, su libertad para amar aún no es perfecta. En este nivel, la ternura de Dios, que es el Espíritu Santo, aprovecha las angustias y sufrimientos inducidos por el amor al prójimo, los acompaña y los introduce en la cuarta etapa que es la «noche pasiva del Espíritu».

El objetivo de la «noche pasiva del Espíritu» es transformar a la persona en *amor*. En esta experiencia el Espíritu penetra en el centro del hombre y se manifiesta como un «Consolador» que lo trata con ternura, suavidad, bondad y deleite. Al recibir la «llama de la contemplación» la persona queda herida por un fuego que lo lastima en su «centro». Gracias a esta «llama de amor viva», que es el Espíritu de Cristo, la persona se transforma en amor. Dice San Juan de la Cruz que este proceso es tan hondo y substancial que genera una muerte anticipada, ya que la ternura de la llama saca con suavidad y amor las ramificaciones enraizadas de la imperfección.

La «noche pasiva del Espíritu» es patrimonio universal, todos la vivimos de una forma u otra. Sólo que, sin el soporte permanente de las virtudes teologales, no logra conducir a la unión transformadora de Cristo.

Al describir la «agonía existencial» que se experimenta en esta etapa del caminar espiritual, San Juan de la Cruz dice que ésta se compone de tres sentimientos dolorosos: la opresión, la angustia y el dolor. Estos sentimientos aparecen como unos de los efectos de la «noche» y son producto de la «llama de amor» que, hiriendo lo más íntimo del «centro personal», da muerte al imperfecto y limitado hombre viejo. Es en este momento cuando se derrumba el concepto positivo que el hombre había hecho de sí mismo a base de éxitos personales, títulos, dinero o cualidades y debido a los cuales se había olvidado que es, ante todo, una «hermosísima y acabada imagen de Dios».

La «llama de amor viva» incrementa la capacidad amorosa de la persona, profundiza el amor para con Dios. Gracias a ella, crece en el alma el ansia de amor total. Asimismo, esta capacidad de infinito, esta atracción y necesidad del Infinito engendran en el alma una dolorosa tensión que tiene quizás su más simple y vehemente expresión en el conocido estribillo «muero porque no muero» (115) donde el alma «gime» por unirse definitivamente con Dios.

Este deseo es posible porque, llegado este momento, el alma no ama propiamente «con amor que sólo sea suyo», sino con el amor de Dios en ella; es decir, que su amor, sin dejar de ser suyo, porque Dios se lo ha dado, no es otro que el mismo amor de Dios, el amor con que Dios mismo se ama, de suerte que puede decirse que es Dios mismo el que se ama a sí mismo en el alma y mediante el alma, y que el alma ama a Dios con el mismo amor infinito de Dios.

El amor que ha sido depositado en el «centro personal», por el Espíritu Santo, va eliminando con dulce acción ese arsenal de concupiscencias, rebeldías, amores y afectos terrenos opuestos a la gracia divina. El alma, ya metida en el mundo sobrenatural, puede observar con sabiduría divina que ese arsenal era una colección de *nadas, de cosas vacías*, inútiles y huecas. Así, el alma, ya vacía de tantas *nadas*, queda dispuesta para el beso de Dios.

Sin embargo, para el hombre que anhela intimar con Dios, aún queda mucho por hacer. Es entonces cuando se presenta la «pascua»: camino único de santificación. Y aunque sean ya escombros esas *nadas*, el hombre se engarrota por miedo al cambio, pues, en ese instante se contempla la encrucijada: «¿me quedo con mi pobre y finita existencia o me abrazo a Dios que es toda plenitud?». De nuevo, *la llama viva del amor* actúa en el alma removiendo sus últimos escombros.

El efecto de este *fuego* ilumina y abrasa al alma desde dentro y transforma sus «profundas cavernas». El alma en aquella luz y aquel fuego que, siendo interior a sí, es a la vez todo de Dios y todo suyo, conoce y siente y ama lo que de sí misma y por sí misma jamás podría alcanzar. Es entonces cuando lo que antes eran «profundas cavernas del sentido oscuro y ciego», por esta elevación, se convierten en «color y luz junto a su Amado». Singular dinamismo donde el amante recibe todos los dones del Amado. Es desde el interior de este dinamismo del amor como don donde se descubre la solución de aquellas antinomias entre la libertad humana y la gracia de Dios, que en vano se resolverían desde fuera. Aquí, todo es libertad y todo es gracia porque la misma libertad es gracia y es don.

El punto esencial de este encuentro amoroso está en que este dinamismo no es un dinamismo físico, necesario y mecánico, sino un dinamismo *de amor*, de exigencia en libertad: porque donde no hay libertad no hay amor, y el hombre está hecho para el amor y, por tanto, en libertad. Así, la máxima alienación que puede experimentar el hombre es *su realización suprema*. El hombre no se encontrará jamás sino perdiéndose, pero no en la nada de la autosuficiencia, sino sólo en lo que constituye el fundamento de todo su ser. Perderse de esta manera no es «alienarse» en lo «otro», sino someterse al movimiento de constante retorno a la raíz y al centro del propio ser que es Dios. Este movimiento, perenne en todo hombre que busca a Dios, es el paso de la nada al Todo; es la muerte y la resurrección.

Según San Juan de la Cruz, «puesta el alma en esta cumbre de perfección y libertad de espíritu en Dios […] ya no tiene otro ejercicio en qué emplearse sino en darse en deleites y gozos de íntimo amor con el Esposo» (116) que consiste, sencillamente, en que «cada uno vea en el otro su hermosura». Pero el alma no sólo se ve dispuesta y templada para gustar de lo divino sobrenatural, sino también de lo humano y todas las demás cosas.

Esta experiencia de trascendencia asocia y une estrechamente al hombre con el mismo Dios y renovada el alma con las delicias que el Espíritu ha derramado en ella, comprende que los sufrimientos tenían sentido pues estaban orientados hacia el «sentir y gustar lo divino sobrenatural, alta y subidamente». Esta *comunión* constituye lo que San Juan de la Cruz llama «felicidad profunda» y, para los buscadores de Dios, se convierte en un estado ordinario que se transforma en una actitud. La aparición de la «gracia mística» que consiste en la capacidad de mantener una comunicación permanente con Dios y la vivencia de un amor incondicional a Dios, a los hombres y a la creación, son algunos efectos de esta «felicidad profunda».

Cuando el hombre alcanza esta etapa del camino espiritual, conoce la verdadera paz y, salvo al fin de las turbaciones sensibles, se encuentra con Dios en la «substancia del alma» que es el centro del yo. Desde este núcleo personal se expande una «subidísima y sabrosísima inteligencia de Dios y sus virtudes, la cual redunda en el entendimiento del toque que hacen estas virtudes de Dios en las substancia del alma; que este es el más subido deleite que hay en todo lo demás que gusta el alma aquí» (117).

Sin embargo, tras la «consolación amorosa» que la presencia del Espíritu da al alma, vuelve, por disposición divina, la desolación. Tras los padecimientos de una purificación acaece una consolación; pero, para una mayor donación divina, se requiere una nueva y más fina purificación; entonces, Dios se esconde.

Puesto en este trance, el abismo interior se agiganta. Y el hombre, contemplando su nada y su indigencia, clama nuevamente a Dios que llene todo su ser con su divino amor: «Entremos más adentro en la espesura [...] Allí me mostrarías aquello que mi alma pretendía y luego me darías allí, tú, vida mía, aquello que me diste el otro día» (118). Sin embargo, Dios está ahí, de otra manera, el hombre no desearía su presencia.

Esta pretensión del alma es *la igualdad de amor* con Dios que ella siempre, natural y sobrenaturalmente, apetece; es decir, «amar como es amada de Dios». Unión que sólo es posible «en el Espíritu Santo», por la donación del Espíritu que Dios hace al alma. Y por eso, el alma, diariamente, porfiadamente, buscará el diálogo de amor, el beso celestial, el manjar exquisito del trato con su Dios, la perfección del amor en el «matrimonio espiritual».

Este es el camino que recorren los «perfectos» que, compenetrados con Dios en el amor, viven el «esponsorio espiritual»: visión clara y esencial de Dios. Sin embargo, esta comunicación con Dios sólo se da de una manera total y definitiva en Jesucristo, Palabra de Dios hecha carne y hecha historia humana. La mística no es otra cosa que el testimonio de la obra de Jesús en nosotros que, al transformarnos, nos conforma a su imagen. Por eso, el alma enamorada de San Juan de la Cruz exclama: «No me quitarás, Dios mío, lo que una vez me diste en tu único Hijo Jesucristo, en que me diste todo lo que quiero» (119). En este «esponsorio espiritual», el alma puede decir «el mismo Dios es mío y para mí, porque Cristo es mío y todo para mí». Esta es la suprema experiencia mística «ver el alma que Dios es verdaderamente suyo». Experiencia que se funda en la fe en Cristo «porque Cristo es mío y todo para mí» (120).

No es, desde luego, una nueva forma de comunicación divina, distinta de la que se da por la Palabra encarnada. Es sí, la penetración hasta lo más profundo de «los tesoros de sabiduría y ciencia de Dios escondidos en Cristo» que sólo se obtiene por la libre acción del Espíritu del mismo Dios y de Cristo en el alma plenamente purificada y rendida.

Al final de este largo ascenso ¿qué más puede desear el alma una vez incorporada en la misma vida eterna y en el mismo amor infinito de Dios? Nada hay más que desear. Y, sin embargo, cuando se ha llegado a esta cumbre suprema, San Juan de la Cruz descubre todavía una nueva actividad beatificante. Llegado a la cima -dice el místico- el alma no sólo verá a Dios y gozará de su misma vida, sino que en El tendrá «el conocimiento de las criaturas y de la ordenación de ellas». Es decir, ya en la cumbre, el gozo completo no está solamente en henchir los pulmones del aire nuevo de la altura, sino también en echar la mirada hacia abajo, hacia el largo camino recorrido, para descubrir y apreciar todo el *sentido* que tenía.

La obra de San Juan de la Cruz, entendida de este modo, es una invitación continua y constante a «ponernos en camino» hacia nuestra realización plena. Es una petición a despojarnos, mediante las «noches», de nuestro «corazón de piedra» y, en Cristo y por Cristo, transformarlo en un «corazón de carne»: signo indubitable del Hombre Nuevo. Es, en fin, un «examen de amor» que nos incita y apremia a «dejar la propia condición» de puro ser finito, y entrar en la condición de ser infinitamente amado de Dios para goza con El y en El, aquí y ahora, el mayor de sus dones: la «alegría profunda». La tarea más importante de nuestra vida, entonces, es la construcción de la felicidad. No debe escapársenos como arena entre los dedos.

CONCLUSIONES

Plantearse la posibilidad de contribuir en la construcción de una civilización de amor es ya una «verdadera noticia» que ilumina nuestra existencia, pues nos hace preguntarnos acerca de nuestro «modo de ser y existir» en este mundo. Plantearse el reto de ser *eje y flecha* de la evolución -como dice Teilhard de Chardin- es optar por un camino que nos lleve a la plenitud como ser humanos y, aunque es una hermosa invitación y es el anhelo de todo hombre, no siempre estamos dispuestos a despojarnos de nuestras viejas vestiduras para hacer brillar el rostro del *Hombre nuevo*. Aceptar y cumplir este reto como una «misión» de nuestra vida, es vivir aquí y ahora, el deseo de Dios: «Sed perfectos como vuestro Padre es perfecto».

Sin embargo, el hombre no alcanzará su «perfección» hasta que alcance la «superconciencia o ultra-reflexión» que es, sencillamente, una progresiva aproximación a la «energía divina» que reconcilia y unifica al hombre consigo mismo, al hombre con los otros hombres, al hombre con el cosmos, y al hombre con Dios. En esta aproximación o reconciliación, Dios eleva al espíritu humano desde su condición temporal y limitante a la participación de la vida con Él como es en sí: relación «Yo-Tú», donde el hombre encuentra el manantial que sacia su sed infinita de ser.

Buscar y vivir este estado de «unión divina» que dé sentido y plenitud a la existencia humana, ha sido la tarea primordial del ser humano a lo largo de su historia. Diferentes testimonios históricos, literarios, religiosos y filosóficos de todos los tiempos hablan, por un lado, de una búsqueda incansable que el hombre ha emprendido por la urgencia de hallar una respuesta acerca de su ser y del por qué de su vida. Por otra parte, y como consecuencia de la sensación de inanidad que éste experimenta a lo largo de su existencia, estos testimonios nos hablan del creciente anhelo del hombre de vivir unido al Dios que entrevé en la lejanía.

En este siglo, se ha ampliado gigantescamente la periferia de la vida. Se ha ampliado y se ha perfeccionado: sabemos más cosas, poseemos una técnica prodigiosa, material y social. El repertorio de hechos y noticias sobre el mundo y sobre el hombre ha crecido fabulosamente. Sin embargo, mientras se acumulan noticias y saberes acerca de lo que es el hombre y se pule la técnica para dominar la materia, se detiene casi por completo el cultivo de otras zonas del ser humano que no son intelecto, razón, cabeza; sobre todo, se deja a la deriva el corazón del hombre, se deja flotando sin disciplina ni pulimento sobre el haz de la vida. Así, al progreso individual ha acompañado un retroceso espiritual; a la cultura de la cabeza, una incultura cordial.

Este grave desequilibrio que hoy padece el ser humano entre el progreso de su inteligencia y el retraso de su espiritualidad, parece afirmar viejos pensamientos que proclaman la división del hombre. El malestar que ya por todas partes se percibe procede de este desequilibrio, y es curioso recordar que hace más de un siglo Augusto Comte notaba ya los primeros síntomas y que él diagnosticaba como «desarreglos del corazón».

Es motivo de sorpresa advertir la persistencia con que el hombre cree que el núcleo decisivo de su ser es el pensamiento, la razón. ¿Será eso cierto? Si alguien nos obligase a quedarnos sólo con el único y esencial centro de nuestra persona, ¿nos quedaríamos con nuestro entendimiento? Cualquier corte que hagamos en la historia nos presentará, en efecto, al hombre agarrado a su intelecto como a la raíz de sí mismo. Si preguntamos a la vetustísima sabiduría de la India, hallaremos frases como ésta por parte de los Vedas: «El hombre es sus ideas. La acción sigue dócil al pensamiento como la rueda del carro sigue a la pezuña del buey». Si, dando un salto superlativo, caemos en el siglo XVI, oiremos a Descartes que repite una y otra vez: «Pienso, luego existo». «El hombre, una caña pensativa», dirá poco después, barrocamente, Pascal.

Y la razón que se da para ello es siempre la misma. Todo lo que se haya en nosotros que no sea conocimiento supone a éste y le es posterior. Los sentimientos, los amores y los odios, el querer o no querer, suponen el previo conocimiento del objeto. ¿Cómo amar lo ignoto? ¿Cómo desearlo?

La razón es de tanto peso, que amenaza con aplastar sin remisión al que intente sostener lo contrario. ¿Quién se atreve a afirmar en la posibilidad de amar algo que nunca hemos visto y de que no tenemos noticia alguna? Por consiguiente, la cabeza precede al corazón: éste es un poder secundario que sigue a aquélla como aditamento que va a su rastra. Sin embargo, yo me pregunto: ¿amamos lo que amamos porque lo hemos conocido antes, o en algún serio sentido cabe decir que conocemos lo que conocemos porque antes de conocerlo lo amábamos ya? La cuestión es decisiva para resolver el «modo de ser» del hombre.

Desde esta perspectiva, nuevamente echemos un vistazo a las diferentes culturas orientales para des-cubrir las razones que impulsaron a los hombres de ese tiempo a buscar, en lo invisible, en lo desconocido, en parámetros muy lejanos a la razón, la respuesta a su existencia. Así, en el Hinduismo, encontramos que el sanyasin tiene como único anhelo la realización de la libertad *espiritual y la unión mística con lo divino*; es decir, la *liberación* no solamente de la carne, sino también de las limitaciones inherentes de la condición existencial finita: *transmutación* en un espíritu perfecto semejante al Espíritu Supremo mismo. Buda, en un acto libre, abandona sus «riquezas» -en el que se incluiría el intelecto humano- y se encamina hacia la búsqueda de la perfección de su ser que no es otra cosa que un abandonarse en el verdadero Sí-Mismo.

Asimismo, el Taoísmo busca la integración del hombre y el reencuentro de la propia perfección, pues, el hombre, por sus acciones y su conocimiento intelectual, se ha opuesto a las leyes eternas y universales. Esta actitud lo ha extraviado y lo ha llevado a la pérdida del Tao; por eso, necesita reencontrarse.

El pensamiento occidental, por un lado, es una larga historia que narra las batallas entre dos realidades completamente distintas: el *alma* y el *cuerpo*: la primera, realidad pura, indivisible y divina; la segunda, corporal, divisible, engañosa, corruptible y terrenal. Lucha que continúa hasta nuestros días haciendo difícil percibir al ser humano en forma armónica y unificadora. Por otro lado, y como consecuencia de lo primero, es el testimonio del gran debate por encontrar las respuestas a las interrogantes fundamentales del hombre: ¿quién es el hombre? ¿qué lo define? ¿dónde se halla el núcleo decisivo de su ser, en la razón o en los sentimientos? ¿cuál es la razón de su existir? ¿cuál es su destino? ¿qué o quién otorga felicidad al hombre?

Grandes son los testimonios que nos hablan de la búsqueda del hombre por hallar respuesta a estos cuestionamientos. Todos son valiosos. Sin embargo, vuelvo a preguntar: ¿qué ha impulsado al hombre a dejar sus «proyectos» humanos y buscar el «sentido de su vida» más allá de cualquier discurso racional?

Deslumbrado e intrigado a la vez ante el espectáculo de la realidad y, sobre todo, de *su existencia*, el hombre, en un cuestionamiento perenne, presiente la identidad de su origen y su destino en la esencia de un principio omnipotente que le permitió surgir a la presencia y que también debe ser aquello que lo aguarda al final de su destino.

Cuando el hombre, frente a este misterio, se da cuenta de que ni el universo ni las criaturas que en él viven ni su existencia se deben a él, inventa causas posibles o seres poderosos que hayan podido dar a luz un cosmos cuya belleza impenetrable es, cuando menos, tan desesperante como la elucidación de su origen. Pero si el fracaso lo cerca, lo enaltece el empeño de seguir yendo hacia un punto que desea tocar, pues intuye que lo colmará.

Algunas veces, al vislumbrar o inventar un punto, un lugar o un ser providente y magnífico, el hombre le confiere sus rasgos personales y lo dota con sus pasiones. Otras, prefiere aludir a él con el silencio personal. Otras todavía, piensa delimitarlo con sus definiciones y reprueba a quienes disienten. Así, en un perpetuo acercamiento, que es un alejarse, el ser humano parece trazar círculos alrededor de un *Ser supremo* que no tiene contorno, medidas ni concreción y siente como si un valladar invisible impidiera toda amistad.

Ese *Ser supremo* que el hombre busca es, para él, el principio de la vida, raíz de los seres, interlocutor secreto, motor inmóvil, vacío puro, ausencia que lo colma todo, bondadoso asaltante que lo acecha a la vuelta del camino, voz interior, hombre sublimado, hoguera divina, creador providente, abismo sin límites, materia explosiva. Un sin fin de metáforas podrían describirlo; sin embargo, los criterio y complejos cálculos humanos no alcanzan a aprehenderlo. Ya Santo Tomás advirtió que «de Dios no sabemos lo que es, sino lo que no es» y todavía añadió: «cuanto más claramente sabemos algo acerca de Dios, más sabemos que no le conocemos». Así, mientras más se acrecienta nuestro conocimiento de Dios, más ciertos estamos de que es un *misterio* para nosotros y no sabemos si giramos en torno a él o si estamos sumidos en su núcleo.

Lo que sí conocemos son nuestras formulaciones y nuestros extravíos. Sabemos cuándo emprendemos la ruta del pensamiento que recubre al *Ser supremo* con los ropajes tiesos de las fórmulas o cuándo preferimos intuirlo en un atuendo indescriptible que nos acerca mejor a Él y nos conforta.

Desde esta orilla sin geografía, creamos diversos entes y los llevamos a morar en el cielo o les permitimos perturbar nuestros sueños y las oquedades de nuestra conciencia, ya que ni la tierra ni los objetos que cotidianamente tenemos a la mano llenan nuestro espacio interior que tiene premura de colmarse.

No sabría decir si el miedo o los mensajes cifrados de la naturaleza nos han llevado a tantos callejones sin salida, pero todos los miembros de la tribu humana hemos querido dar una respuesta a lo que ignoramos. Dónde ponerla, cómo fundamentarla, cómo articular tal contestación en la realidad de nuestra vida se ha hecho de mil maneras, producto del ingenio característico del ser humano.

Y sin embargo, nadie, a menos de aferrarse a una «idea» o una «fe» sin condiciones, siente la seguridad de haber resuelto el principal enigma que nos plantea una vida que se solaza en acertijos y que simultáneamente nos va educando y empujando hacia la lejana, pero accesible meta que no explica nada, pero que se diría llena de promesas.

Lo cierto es que, ante la premura de colmar la «sed de infinito» que hiere con un «aguijón ardiente» nuestra vida, intuimos en la lejanía la presencia de un *Ser supremo* que es «Alfa y Omega» de nuestra existencia. Y es que el ser del hombre y el ser del Absoluto están desde siempre vinculados; sin embargo, la conciencia, la razón astuta, la voluntad prepotente y la fascinación de lo cercano y concreto, arrancan al hombre del *Amor divino* como el viento a la hoja del árbol; le enmudecen la *voz* de los orígenes y apagan la *luz* del Ser que lo impulsa a unirse con él y, en esta orfandad, va caminando en una noche sin sentido que lo conduce a la «Nada», y así:

«Pasa el lunes, y pasa el martes y pasa el miércoles y el jueves y el viernes y el sábado y el domingo y otra vez el lunes y el martes y la gotera interminable de los días cae, en un mismo ritmo, sobre el corazón aturdido del hombre: *la vida pasando con el tiempo, la vida yéndose sin sentido, entre la borrachera y la conciencia, entre el remordimiento y el cansancio.* El hombre ritmo sin tiempo, tiempo sin ritmo, se encuentra, de pronto, con las manos vacías, con el corazón vacío, con la memoria como una ventana hacia la obscuridad y se pregunta: ¿qué hice?, ¿qué fui?, ¿en dónde estuve? Preguntas que se hunden en el *misterio* de su propio ser arañando, muchas veces, paredes de un pozo sin nada...».

Por su conciencia, el hombre es el único ser dentro del universo que experimenta su vida como ruptura y unión, distensión y exceso; como tiempo sentido, tiempo en sentido, tiempo encendido. Es el único ser que se experimenta como repetición eterna de la substancia, hazaña de subjetividad y luz; desencarnación de la Presencia, éxtasis de voluptuosidad y saber. Frente a él, todos los elementos cósmicos y de la naturaleza aparecen como seres superiores a las criaturas humanas, pues ¿qué valen éstas, destinadas al sufrimiento y a la mutación de la que son conscientes, a lado de aquéllos que ignoran su destino? ¿No es el rayo, el viento, una montaña más poderosos que el hombre, mudable y mínimo?

Por su conciencia, el hombre va moviéndose por el mundo, débil, torcido, haciendo aquí y allá; confundiéndose en todo, descubriendo su pequeñez y su grandeza, su memoria y olvido, su desolación y su esperanza; tratando de corregirse, de crecer en medio de las cosas perfectas.

Asimismo, por su conciencia, la criatura humana ha llegado a la comprensión de su «razón» de ser definiéndose frente a los demás seres del mundo; sin embargo, un «anhelo metafísico» lo arrastra inexorablemente a conocer su «ser» y a descubrir el sentido de su «acción» en el devenir temporal. No son los límites exteriores los que pueden encerrar al hombre fijándole distancias infranqueables. El límite que no puede ser sobrepasado corre a lo largo del espacio interior, en el corazón. Sólo allí se desdoblan el espacio y el tiempo y aparecen los abismos que lo atraen irresistiblemente, pues el hombre *es* lo que *es* en función de aquello que lo trasciende.

Esta «gnosis» de su ser le permite también, más allá de la «diferencia frente a los demás seres», descubrir su «identidad» y su especial pertenencia al Absoluto. Sabe que la «misión» que tiene en este tiempo/espacio es permitir el retorno de las cosas al origen, es decir, la reconciliación del cosmos con el *Ser supremo*. Y sabe, además, que un lazo común vincula su ser y el ser del Absoluto.

Cuando el hombre decide dirigir sus pasos en sentido contrario de lo que es, se concentra sobre su propia subjetividad, se cierra sobre el estrecho círculo de su yo, opta por su «razón» y se lanza tras fines mezquinos y limitantes en lugar de entregarse al gran *Ser*. Entonces, aquella común pertenencia sólo llega a su corazón como un recuerdo que lo hiere y le hace sentir añoranza de esa presencia; pero, no escucharíamos la *voz* del Absoluto si desde antes no formáramos una unidad con él; no sentiríamos la nostalgia de la lejanía si el inmenso espacio de un olvido no hubiese colocado un abismo entre nosotros y el Ser supremo. Esta ambivalencia ontológica es patente en todos los mitos del mundo, y el más claro de ellos es, para nosotros, la expulsión de Adán del paraíso terrestre.

Visto así, el hombre es entonces, por definición, un ser de dos horizontes opuestos: uno que tiende hacia la luz de la inteligencia-conciencia, el otro que busca febrilmente reintegrarse a la totalidad perdida por la conciencia.

Por el contrario, cuando el hombre logra rebasar su conciencia ordinaria y obedeciendo al llamado del Absoluto se pone en camino, ve cómo aquellas figuras visibles y familiares que constituyen *su* realidad se alejan y, a medida que avanza hacia la lejanía, hacia la interioridad invisible del alma, su ser es rescatado, transparente, invisible, espiritual y cordial. Asimismo, de golpe, se descubre como una pequeña isla en un océano de grandes misterios y ante él, la figura de este mundo se disipa dejándole el camino libre para pasar al otro lado de las cosas, a la zona invisible de la existencia. Toda esta realidad que, en un momento, juzgaba sólida se hunde y ese suelo que creía firme cede bajo sus pies posibilitándole la llegada a esa dimensión en la que verdadera e intensivamente se *es*.

La «temporalidad» escinde al hombre del origen y lo entrega al constante devenir. Con todo, el mismo hombre que así se siente desgarrado por el tiempo, experimenta la necesidad de superar las separaciones: lo próximo y lo lejano, el yo y el cosmos, la vida y la muerte, el pasado y el futuro, al hombre y a Dios. Así, ser hombre significa saberse ansioso de cubrir el abismo que la distensión abre y buscar afanosamente la reconciliación con aquel principio que excede; pues, si bien existe en el hombre una «temporalidad» que divide, hay en su ser algo mucho más íntimo y consistente que le permite unir lo que separa el tiempo: el *Espíritu*. El ser humano no estaría así distendido, si cada uno de los términos distanciados no tocara simultáneamente su existencia. Pero no podría tocarlos, si de alguna manera no los abarcara, y no los abarcaría, si algo *en* su ser no lo sacara fuera, excediéndolo de su propia finitud.

Esta *fuerza vital* que se erige como un *exceso* de la vida humana, no es un poder del yo subjetivo, sino un *don* dispensado desde un centro que está más allá de la existencia y que la atraviesa recordándole su *mejor ser*. La existencia es, pues, un exceso porque brota de un principio no humano, de un principio que es *llama de amor viva* que transforma. Llama viva que hiere con ternura el más profundo centro y *despierta* en el ser humano el deseo de alcanzarla: «En esta gran aventura nuestra, mía, Dios mío [...] andamos buscándonos, llamándonos, igual que dos amigos perdidos».

A lo largo de la vida, la *voz* del Absoluto llama insistentemente al hombre invitándolo a emigrar de la exaltación ostentosa que da la «feria de la vida»; a pasar de lo vano e inauténtico, a lo real y verdadero; de lo exterior y visible, a lo interior e invisible; de la frivolidad y trivialidad del existir, a la serenidad y resolución de un vivir cara a los grandes misterios de la existencia; pues, si éste quiere recobrar el *paraíso perdido*, tiene que perderse en el *Paraíso perdido*: movimiento trascendente que va más allá de la autorrealización y que implica, a su vez, un movimiento de autodestrucción; es decir, hay que *perderlo todo* para *recuperarlo todo*.

En la medida que el existente humano se apropia de la fuerza de este *Ser supremo*, alrededor del cual gira, experimenta hallarse en el camino que lo conduce a lo «salvo»; comienza a sentirse «salvado» de la conciencia ordinaria que lo divide y de la muerte que lo angustia. Pues, si por un lado, dice Kierkegaard, el hombre alcanza la autoconciencia de su existencia en la impotencia y en el quebranto, en la culpa y en la angustia, en el temor y en el temblor. Por otro lado, y debido a la fe, *se reconoce como un ser abierto a la trascendencia, por lo que puede encontrar un sentido a su vida*. Por eso -dice el filósofo danés- la existencia significará «existencia delante de Dios».

Sólo cuando el hombre *cambie de actitud interior* y en lugar de hacer girar las cosas en torno a su conocer objetivo y a su voluntad de dominio, y se entregue a la *noche oscura del espíritu* -como plantea San Juan de la Cruz en *La subida al Monte Carmelo*-, entonces, se abrirá el secreto que ésta encierra y acogerá al nuevo ser. En esta noche sin fondo, el límite y el tiempo engañosos se disuelven; pero no por la *magia* de una palabra humana, sino por la fuerza de una *gracia* que viene del Creador.

Tal vez por eso, las experiencias místicas constituyen un camino privilegiado mediante el cual el ser humano puede acceder al nivel de la *conciencia unitaria* y dar a su vida la plenitud y el significado que ésta reclama. La forma más elevada de la experiencia mística, como forma en la que se realiza de una manera más plena y perfecta la *relación del hombre con Dios*, es un estado extraordinario en el que se pueden vivir experiencias que en otras formas inferiores o menos perfectas no se alcanzarían.

Es quizá, por esta razón, que la Psicología Transpersonal tiene como uno de sus objetivos fundamentales promover la *vida espiritual* que permita, al hombre de hoy, trascender las limitaciones de su humanidad y buscar la Realidad última que colme todas sus expectativas y lo haga feliz.

Esta búsqueda de la trascendencia que la Psicología Transpersonal quiere *reavivar*, es una respuesta concreta a la situación de «olvido de sí mismo» y de «finitud» que la *cultura* de nuestros días ha implantado a través de sus proyectos y valores y que han conducido a la «fragmentación de la conciencia» de los individuos. Situación que se manifiesta -como dice Zubiri en *El hombre y Dios*- en una experiencia de «fatiga de lo absoluto», pues al hombre «le gustaría descansar, desatenderse; aunque fuera episódicamente, de la necesidad de estar tomando siempre posición en lo absoluto» y parece, por lo que podemos constatar a nuestro alrededor, que poco a poco lo fuera consiguiendo. El hombre -como bien plantea Juan Martín Velasco en su ensayo *Ser cristiano en una cultura postmoderna*- reduce toda esa búsqueda de las razones de vivir al saber vivir o a un sobrevivir; se instala en lo que podría llamarse «la insoportable levedad del ser».

Sin embargo, dice Rogers, hay otro tipo de perspectiva, basada en los cambios relacionados con la persona. Tendencias que constituyen una «crítica» y un «proyecto» que producirá cambios drásticos en los paradigmas que hasta hoy nos han regido. Proyecto que compromete al ser humano a buscar y encontrar en sí, *en la naturaleza misma de su existencia*, el motivo y la fuerza de su realización: aspiración que le dirige hacia metas más elevadas, hacia la trascendencia. La trascendencia, en sí misma, implica un *proceso* o movimiento de subida, mediante el cual, la persona -en un acto de elección y decisión- expande y desarrolla sus potencialidades hasta desarrollarse en su totalidad. Así, la realización de las potencialidades, las capacidades y los talentos permiten al hombre encaminarse hacia el cumplimiento de su misión o vocación.

Sin embargo, para que el hombre pueda alcanzar la trascendencia plena hacia el Ser único y total, requiere *de un desarrollo progresivo y ascendente* de su conciencia; es decir, alcanzar el estado de «superconciencia» o «ultra-conciencia» que no es más que el estado donde el ser transpersonal, ya desidentificado de pensamientos, emociones, sentimientos y deseos, se hunde en las olas tempestuosas del océano de la conciencia -fragmentaria, movediza y contingente- y penetra en la calma de la conciencia trascendente o unitaria.

El nivel de la conciencia unitaria es un estado de conciencia total sin fronteras, sin principio ni fin. Siempre presente, incluye a todos los demás estados, niveles y bandas de conciencia. En él se da el reconocimiento de que cada ser humano es la encarnación de un espíritu inmortal, atemporal y divino; de que siendo parte de un mundo múltiple se participa del Espíritu Supremo.

Las experiencias místicas -como ya se mencionó- son las puertas de acceso que permiten al ser humano entrar en contacto con este estado de conciencia unitaria. Al trascender los elementos del mundo se llega al núcleo, al centro de la conciencia que se encuentra en unión total con el Ser.

Vista desde esta perspectiva, la aventura humana es la de una *recirculatio*, la de un proceso dinámico por el que el hombre sale de Dios para volver a El. En esta concepción el hombre es, pues, *un ser dinámico*, con un dinamismo que tiende al infinito: es decir, el hombre jamás es sólo lo que pueda ser en una situación o desde un aspecto determinado, sino el que está siempre en camino, en proceso, en exigencia de ser más de lo que es, hasta que llegue a ser el recipiente y partícipe de la vida de Dios mismo.

Este proceso de desarrollo personal y de unión íntima con el *Ser absoluto*, se manifiesta clara y concretamente en una «nueva manera de ser». El hombre que vive en íntima y constante relación con el Ser supremo, cambia el concepto que tiene de sí mismo, de las otras personas y del mundo facilitando una nueva relación; se convierte en una persona con mayor creatividad, espontaneidad y expresividad; siente que la vida merece la pena vivirse -aún cuando normalmente sea vulgar, gris, dolorosa o insatisfactoria- desde el momento que ha adquirido evidencia de la existencia de la belleza, sinceridad, diversión, bondad, verdad y plenitud; siente estar en la cima de sus poderes, estar utilizando todas sus capacidades en grado e intensidad óptimas; ama la creación y al Creador con el mismo amor con el que es amado y, sobre todo, su vida se convierte en una permanente búsqueda, de lo que en la Psicología Transpersonal se llama «conciencia unitaria».

El punto esencial de este encuentro amoroso está en que este dinamismo no es un dinamismo físico, necesario y mecánico, sino un dinamismo *de amor*, de exigencia en libertad. Así, la máxima alienación que puede experimentar el hombre es *su realización suprema*. El hombre no se encontrará jamás sino perdiéndose, pero no en la nada de la autosuficiencia, sino sólo en lo que constituye el fundamento de todo su ser. Perderse de esta manera no es «alienarse» en lo «otro», sino someterse al movimiento de constante retorno a la raíz y al centro del propio ser que es Dios. Perderse de esta manera, es alcanzar la «felicidad profunda» y, para los buscadores de Dios, se convierte en un estado ordinario que se transforma en una actitud.

Una humanidad autorrealizada, una humanidad feliz, una humanidad que ha superado todo, está en condiciones de presentar el rostro auténtico de Dios -como dice Teilhard de Chardin. Separado por una débil lámina, Dios es el vecino cercano y distante, presente y ausente que nos llama, constantemente, a la plenitud. Ahí en el misterio de nuestro espacio interior lo sentimos estar, pero como aquello que inmensamente nos rebasa. Es preciso que el hombre vivencie, en su noche oscura, esta intermitente llamada del que está en el centro; sólo entonces comenzará a vivir dentro, en lo invisible, ahí donde verdaderamente debe arraigarse. Sólo así será verdadero rostro de Dios.

Pues bien, si has escuchado el soplo, la noticia ininterrumpida que se forma en el silencio. Si lo has escuchado, el retorno es tu misión...

Referencias Bibliográficas

(01)   Quitmann, H. (1989). *Psicología Humanística*. Barcelona: Herder. p. 51
(02)   Ibid. p. 87
(03)   Rogers, C. (1995). *El Camino del ser*. Barcelona: Kairós. p. 63
(04)   Ibid. p. 63
(05)   Quitmann, H. (1989). p. 129
(06)   Ibid. p. 238
(07)   Ibid. p. 123
(08)   Ibid. p. 125
(09)   Abbagnano, N. (1975). *Introducción al existencialismo*. México: F.C.E. p. 57
(10)   Quitmann, H. (1989). p. 143
(11)   Lafarga, J. y Gómez del Campo, J. (1992*). Desarrollo del potencial humano, Vol. IV*. México: Trillas. p. 20
(12)   González Garza, A.M. (1987*). El Enfoque Centrado en la Persona. Aplicaciones a la Educación*. México: Trillas. p. 146
(13)   Rogers, C. (1995). p. 109
(14)   Ibid. 39
(15)   Fadiman, J. y Frager, R. (1995). p. 184
(16)   Rogers, C. (1995). p. 61
(17)   Teilhard de Chardin, P. (1986). *La activación de la energía*. Madrid: Taurus. p. 25
(18)   Rogers, C. (1985). *Terapia, personalidad y relaciones interpersonales*. Buenos Aires: Nueva Visión. p. 23
(19)   Horney, K. (1984). *Neurosis y madurez*. Buenos Aires: Psique. p. 13
(20)   Rogers, C. (1978, winter). *Journal of Humanistic Psychology*. "The formative tendency". Vol. 18, No. 1. p. 23

(21)   Teilhard de Chardin, P. (1986). *El fenómeno humano*. Madrid: Taurus. p. 35

(22)   Teilhard de Chardin, P. (1986). *El porvenir del hombre*. Madrid: Taurus. p. 13

(23)   Ibid. p. 103

(24)   Teilhard de Chardin, P. (1987). *Las direcciones del porvenir*. Madrid: Taurus. p. 102

(25)   Ibid. p. 134

(26)   Xirau, R. (1976). *Antología personal*. México: F.C.E. p. 74

(27)   Prieto, F. (1983). *Revista de Filosofía de la UIA*. "La persona según Teilhard de Chardin. Año XVI, No. 46. p. 58

(28)   Rogers, C. (1977) *La persona como centro*. Barcelona: Herder. p. 233

(29)   Ibid. p. 236

(30)   Ibid. p. 237

(31)   Ibid. p. 240

(32)   Ibid. p. 241

(33)   Ibid. p. 244

(34)   Ibid. p. 244

(35)   Ibid. p. 260

(36)   Rogers, C. (1995). p. 145

(37)   Ibid. p. 160

(38)   Villanueva, M. (1996). *Más allá del principio de la autodestrucción*. México: Manual Moderno

(39)   González Garza, A.M. (1992). *Colisión de Paradigmas*. Editorial Kairos, Barcelona.

(40)   Ibid. p. 185

(41)   Coreth, E. (1994). *Antropología Filosófica*. Barcelona: Herder.

(42)   Ibid. p. 76

(43)   Ibid. p. 81

(44)   Ibid. p. 84

(45)   Ibid. p. 145

(46)   Ibid. p. 148

(47)   Ibid. p. 156

(48)   Ibid. p. 163

(49)   Ornstein, R. (1979). *Psicología de la conciencia*. México: Manual Moderno. p. 15

(50)   Ibid. p. 21

(51)   Ibid. p. 35

(52)   Ibid. p. 171

(53)   Groethuysen, B. (1975). *Antropología Filosófica*. Buenos Aires: Losada. p. 190

(54)   Ibid. p. 195
(55)   Ibid. p. 197
(56)   Ibid. p. 200
(57)   Ibid. p. 202
(58)   Ibid. p. 205
(59)   Ibid. p. 208
(60)   Ibid. p. 212
(61)   Ibid. p. 219
(62)   Ibid. p. 225
(63)   Ibid. p. 237
(64)   Ibid. p. 239
(65)   Ibid. p. 245
(66)   Ibid. p. 251
(67)   Ibid. p. 260
(68)   Ibid. p. 262
(69)   Ibid. p. 265
(70)   Ibid. p. 274
(71)   Frankl, V. (1994) El hombre doliente. Barcelona: Herder. p. 249
(72)   Blake, W. (1975). *Obras completas*. Madrid: Aguilar. p. 34
(73)   Wilber, K. (1990) *El espectro de la conciencia*. Barcelona: Kairós.
(74)   Ibid. p. 257
(75)   Ibid. p. 270
(76)   Ibid. p. 287
(77)   Ibid. p. 307
(78)   Ibid. p. 345
(79)   Ibid. p. 381
(80)   Ibid. p. 417
(81)   Ibid. p. 432
(82)   Juan Evangelista (1982) *La Biblia, versión Latinoamericana*. México: Sal Terrae. Juan 3, 1 a 5. p. 3182
(83)   Perea, F. (1994). *Al andar se hace camino*. México: Diana. p. 127
(84)   Frankl, V. (1994). p. 123
(85)   Ibid. p. 158
(86)   Blake, W. (1975). p. 274
(87)   Sabines, J. (1991). *Otro recuento de poemas*. México: Joaquín Mortiz. p. 236
(88)   De la Cruz, J. (1957) *Obras completas*. Madrid: Editorial de Espiritualidad. p. 3
(89)   Maslow, A. (1982). *La amplitud potencial de la naturaleza humana*. México: Trillas. p. 277
(90)   De la Cruz, J. (1957). p. 145

(91)   Ibid. p. 235
(92)   Ibid. p. 236
(93)   Ibid. p. 239
(94)   Ibid. p. 325
(95)   Ibid. p. 176
(96)   Ibid. p. 178
(97)   Juan Evangelista (1982). 15, 9 a 12. p. 3183
(98)   De la Cruz, J. (1957). p. 178
(99)   Vives, J. (1978). *Examen de amor*. Madrid: Sal Terrae. p. 104
(100)   Ibid. p. 186
(101)   De la Cruz, J. (1957). p. 341
(102)   Ibid. p. 345
(103)   Ibid. p. 357
(104)   Ibid. p. 363
(105)   Ibid. p. 372
(106)   Ibid. p. 386
(107)   Ibid. p. 394
(108)   Ibid. p. 341
(109)   Rogers, C. (1985). *El proceso de convertirse en persona*. México: Paidos. p. 156
(110)   Vives, J. (1978). p. 106
(111)   De la Cruz, J. (1957). p. 238
(112)   Ibid. p. 208
(113)   Ibid. p. 607
(114)   Ibid. p. 30
(115)   Vives, J. (1978). p. 170
(116)   De la Cruz, J. (1957). p. 479
(117)   Ibid. p. 480
(118)   Ibid. p. 496
(119)   Ibid. p. 567
(120)   Ibid. p. 679